الحكومة الإلكترونية

إبراهيم سليمان

٢٠١٠

دار يافا العلمية للنشر والتوزيع

٣٥١,٠٠٧٣

الرقب ، ابراهيم

الحكومة الإلكترونية /ابراهيم سليمان الرقب._ عمان:

المؤلف، ٢٠٠٩

( )ص

ر.أ : ٢٠٠٩/١٠/٤٦٠٣

الواصفات / :الحكومة الإلكترونية //الحكومة //الإدارة العامة//

جميع الحقوق محفوظة

الطبعة الأولى ، ٢٠١٠

دار يـــافــا العلمية للنشر والتوزيع

الأردن – عمان – تلفاكس ٤٧٧٨٧٧٠ ٦ ٠٠٩٦٢

ص.ب ٥٢٠٦٥١ عمان ١١١٥٢ الأردن

E-mail: dar_yafa @yahoo.com

فهرس المحتويات

الموضوع	الصفحة
المقدمة	٥
الفصل الأول :**نشأة الحكومة الإلكترونية**	٧
الفصل الثاني :**الأسباب الرئيسية للتحول إلى حكومة الإلكترونية**	٧٧
الفصل الثالث :**متطلبات وعوامل نجاح الحكومة الإلكترونية**	١٠١
الفصل الرابع :**التنظيم الإداري والحكومة الإلكترونية**	١٣١
الفصل الخامس :**ارهاصات الحكومة الإلكترونية**	١٤٧
الفصل السادس :**الإجراءات العملية لتنفيذ الحكومة الإلكترونية**	١٦٧
الفصل السابع :**مكونات البنية التحتية للحكومة الإلكترونية**	١٨٥
الفصل الثامن :**تجربة الحكومة الإلكترونية في بعض البلدان**	٢٠٥

٣

مقدمة

احدثت تكنولوجيا المعلومات والاتصالات ثورة في مجال المعلومات بل وأصبح المعيار الأساسي الذي تقاس به درجة تقدم الأمم في القرن الحادي والعشرين وهذا التطور السريع ادى الى تغير المفاهيم السائدة في أساليب التعامل على مستوى الدول والمنظمات والأفراد وأصبح العالم قرية صغيرة مترابطة، وسمح بتجاوز البعد الزمني والمكاني، ليشكل جزءاً حيوياً فاعلاً ومؤثراً في تنفيذ هذه المعاملات.

ومنذ فترة ليست بالقصيرة تنبهت بعض الدول النامية ومنها العربية إلى ما يمكن أن تحققه من مكاسب وإنجازات إذا ما سارعت إلى ملاحقة تلك التطورات والإمساك بمقوماتها في هذا المجال كوسيلة متطورة لتحقيق غاياتها المستقبلية، ولمواجهة متطلبات شؤون الدولة داخلياً وخارجياً.

سعياً لتحقيق هذا الهدف فإن الحكومات ركزت جهودها في توفير كافة المقومات اللازمة سواء على صعيد متطلبات البنية الأساسية أو تأهيل الكوادر الوطنية القادرة على إدخال التكنولوجيا المتقدمة، وبما يتناسب مع ظروف الدولة، وبحث سبل استخدام تطبيقاتها في مختلف أجهزة ومؤسسات الدولة، الأمر الذي تم التمهيد له بجهود حثيثة ومستمرة بتأييد من صناع القرار في أعلى مستوياته، إذ يعتبر خطة طموحة لإحداث نقلة حضارية وتطوير جذري في أداء الجهاز الحكومي.

في ضوء التقدم العلمي والتغيرات الاقتصادية الكبيرة وظهور التعاملات الإلكترونية بصفة عامة وبما تملكه تكنولوجيا المعلومات والاتصالات من عناصر قوة باستطاعتها فرض تغيير في أنماط العمل والإدارة في الدوائر الحكومية، لرفع كفاءة الأداء وكسب الوقت والمال والجهد، كما توفر الطفرة الإلكترونية الحديثة إمكانية إشراك المواطنين والمجتمع المدني في مناقشة السياسات من خلال الحوار المباشر ودعم اتخاذ القرارات، وصياغة السياسات بشكل متفهم أكثر للمواطنين واحتياجاته، من هذا المنطلق نشأت فكرة الحكومة الإلكترونية التي هي مسار بحثنا حيث تناولنا في البداية مفهوم ونشأة الحكومة الإلكترونية ومن ثم انتقلنا للحديث عن أسباب ومتطلبات الحكومة الإلكترونية كما

تناولنا التنظيم الإداري وعلاقته بالحكومة الإلكترونية وإختصاصات الحكومة الإلكترونية وتناولنا أيضاً الإجـراءات العملية لتنفيذ الحكومة الإلكترونية وانتقلنا للحدث عن مكونات البنية التحتية للحكومة الإلكترونية وأخيراً ختمنـا بحديثنا عن تجارب بعض الدول التي أخذت بالحكومة الإلكترونية .

المؤلف

الفصل الاول

ماهية الحكومة الالكترونية

الفصل الأول

ماهية الحكومة الإلكترونية

المبحث الأول: نشأة الحكومة الإلكترونية

إذا رجعنا إلى الطريقة التي كانت تعد بها البيانات الحسابية والإحصائية في العقود الماضية، فإننا سوف نكتشف أن الحكومة الإلكترونية هي أحد المجالات التي أحرز فيها تقدمٌ كبيرٌ. فالتطورات التقنية التي حدثت إضافة إلى توفر برامج الجداول الإلكترونية بأسعار رخيصة نسبياً كان لها أكبر الأثر على العملية التي يتم بواسطتها عمل الموازنات، ففي السبعينيات الميلادية كان يتم إعدادها على أنظمة الحاسوب الرئيس التابع للحكومة المركزية فقط، لكن مع بداية الثمانينات الميلادية حدث تطور كبير في هذا المجال إذ بدأ إعداد الموازنات يتم على أجهزة الحاسوب صغيرة الحجم وعلى المستويات كافة، حتى المرافق المحلية الصغيرة.

وهذه الأدوات سوف تمكن صناع القرار، على الأقل، من القيام بعمليات المسح والاستكشاف، ومن ثم تقديم المقترحات والبدائل التي تبرر إحداث تغييرات كبيرة في أعمال الحكومة. وبالطبع، فهنالك عوامل كثيرة أخرى في تلك السنوات، أي سنوات ما قبل الحكومة الإلكترونية بشكلها الحالي، شكلت ضغوطاً كبيرة على الحكومات من أجل رفع الدخول ورأس مال الاستثمار والإنفاق العام.

ومن أهم مميزات الجداول الإلكترونية أنها تتيح لصناع القرار، بصورة أفضل من الطرق التقليدية التي كانت تعتمد على تجهيز البيانات على ورق عادي، إمكانية إجراء المقارنات السريعة بين التكاليف والنفقات، والأصول والمطلوبات بطرق متنوعة ومختلفة، إضافة إلى تمكينهم من عمل تقديرات للاحتمالات المستقبلية مبنية على افتراضات مختلفة.

لكن الجداول الإلكترونية ليست هي كل شيء؛ فتقنيات النمذجة والمحاكاة أوحدت مقدرات تحليلية جديدة لدى صناع القرارات الاقتصادية في السنوات التي أعقبت الحرب العالمية الثانية .والمجال الآخر الذي من المرجح أن تكون قد استخدمت فيه مقدرة الحكومة المركزية الهائلة في الحساب والإحصاء في عصر البطاقات المثقوبة وأجهزة الكمبيوتر كبيرة الحجم -بعد تطبيق ذلك في المجال العسكري -هو اختبار الافتراضات على النماذج الاقتصادية .

وفي الوقت االحاضر يوجد نموذج الخزانة البريطانية الخاص بالاقتصاد البريطاني على الشبكة العنكبوتية (**World Wide Web**)، ويمكن المحللين من القيام باختبار افتراضاتهم المفضلة لديهم للحصول على التقديرات والنتائج المستقبلية المتوقعة .ومنذ الستينيات وما بعدها أصبحت عملية التحليل تتم إلكترونياً عن طريق البيانات التي يتم جمعها من أنظمة معالجة البيانات، مثل البيانات الخاصة بالضمان الاجتماعي والهجرة وغيرها، حيث يمكن عن طريقها تنبيه صناع القرار لأنماط الاتجاهات والتغيرات التي تحدث في المجتمع، والتي ستثير على أقل تقدير تساؤلات أخرى، إذا لم تقم دائماً باختبار الافتراضات بصورة دقيقة .

والجداول الإلكترونية ومجموعات البيانات الإحصائية تم استخدامها لتشكيل سيناريوهات وتقديرات للاحتمالات المستقبلية للبيانات الإدارية وبيانات الأداء لكي تساعد على صنع القرارات والسياسات .

وبحلول الثمانينيات الميلادية من القرن الماضي، أصبح في مقدور الإدارات الحكومية في بريطانيا وأمريكا ودوائر صنع القرارات داخل الحكومة الاعتماد على أدوات ووسائل متطورة تعينهم على تنفيذ المهام المناطة بهم وتنفيذها على الوجه الأكمل .وعلى سبيل المثال، في أواخر الثمانينيات، أصبح لدى أجهزة الشرطة المركزية أنظمة نمذجة متطورة جداً تستخدم في مجالات البحوث والأدلة الجنائية وتحليل البيانات والمعلومات، وذلك من أجل دعم أعمال أقسام المباحث ومساندتها في التحريات والتحقيقات، وقد تم

إدخال أنظمة تبادل البيانات أو الوثائق الإلكترونية (Electronic Document Interchange EDI) في الإدارات القانونية والمالية وأقسام المشتريات، كما أن بعض الأنظمة قد تم تصميمها لمساندة عمليات التحليل المتكاملة والمكثفة، إضافة إلى المراقبة والإشراف. وهنالك بعض الدراسات التي تشير إلى نجاح استخدام مثل هذه الأنظمة في بعض الوزارات الفيدرالية الألمانية .

أما أنظمة المعلومات الجغرافية (GIS) (Geographic Information Systems) فقد تم تطويرها منذ منتصف الثمانينيات الميلادية لكي تقوم بإعداد وتجهيز كم هائل من المعلومات الخاصة بالأقاليم والمناطق ومجموعة من الصور الخرائطية وتخزينها في أجهزة الحاسوب. والبيانات التي تتم تعبئتها في مثل هذه الأجهزة تشمل المعلومات الخاصة بتعداد السكان، وعلم الأوبئة، ولمحات عن الموارد الاقتصادية، والأراضي، والبيئة، وقد استخدم صناع القرارات هذه المعلومات في مجالات متنوعة، لكن استخدامها بصورة أوسع كان ولا يزال في مجال تخطيط استخدام الأراضي. وهنالك أنظمة أكثر تطوراً تم تكاملها مع أدوات النمذجة لكي تساعد على استعراض وفهم العلاقات والروابط بين العوامل المختلفة، وهنالك بعض الأمثلة المبتكرة عن استخدامها في عمليات اتخاذ القرارات على مستوى السياسات العامة في الولايات المتحدة الأمريكية، وقد استخدمت إدارة الشرطة في ولاية فلوريدا أنظمة المعلومات الجغرافية (GIS) لاستعراض واختبار التفسيرات الخاصة بأنماط الجرائم، ومن ثم القيام بنمذجة التأثيرات المتوقعة للإستراتيجيات البديلة الخاصة بإنجاز المهام الشرطية .

ولتسهيل عمليات الاتصال بين صناع القرار، فقد تم إدخال أنظمة البريد الإلكتروني في كثير من الإدارات والهيئات في بداية الثمانينات الميلادية، وكانت محكمة ومأمونة مما ساعد على انتشارها وتكاثرها. أما أجهزة الفيديو فقد كانت مستويات استخدامها متوسطة في بعض الإدارات الحكومية في أواخر الثمانينات .

ودخلت الإنترنت في الاستخدام الحكومي العام في السنوات الأولى من التسعينات، وبالرغم من أن مستوى إدخال أنظمة الإنترنت كان مرتفعاً في بعض الدوائر الحكومية، إلا أن استخدامها كان محصوراً في خواص معينة تمتاز بها مثل هذه الأنظمة .

ففي كثير من الإدارات والهيئات الحكومية يتم استخدام شبكات الإنترنت في أغلب الأحيان كأنظمة بريد إلكتروني داخلي فقط .وتم استخدام برنامج يسمى مذكرات لوتس **Lotus Notes** في بعض الدوائر الحكومية، لكن في الغالب استخدم للحصول على متطلبات بيانات مشتركة بسيطة مثل البيانات الخاصة بإدارات الاتصال الخارجي .

جاء تطوير الشبكة العالمية للمعلومات)الإنترنت (والشبكة العنكبوتية في الثمانينيات كمورد حكومي مكن محللي السياسات وبعض صانعي القرارات، الذين لديهم الوقت الكافي والرغبة الدافعة إلى البحث عن المعلومات العامة بأنواعها المختلفة، من الحصول على المعلومات التي تعينهم على البحث والتقصي، وإيجاد الحجج والبراهين التي تدعم سياساتهم .وفي أواخر التسعينيات قامت الوكالات العالمية بتزويد صانعي السياسات بمواد ومعلومات -في بعض المجالات على أقل تقدير -موثوقة ووافية على أحد مواقع الشبكة العنكبوتية (الويب **The Web**)مع تقييد الوصول لذلك الموقع، وقد قامت بعض الدوائر بالمشاركة العملية في مؤتمرات إلكترونية تم إجراؤها على شبكة الإنترنت العالمية في مواقع عنكبوتية تم تقييد الوصول إليها أيضاً .

وللتبسيط والتسهيل سوف أشير إلى وسائل وأدوات الحكومة الإلكترونية في مراحل تطورها الأخيرة -أي من أواخر التسعينيات حتى الوقت الحاضر .ذلك لأن التمييز بين مراحل تطور وسائل الحكومة الإلكترونية وأدواتها في الثمانينيات وما قبلها يعتبر في الأساس تمييزاً زمنياً .

في عام ١٩٩٣م، كانت حكومة الولايات المتحدة أول من بادر وطرق هذا المجال، وفيما بعد تم إعداد البرامج الخاصة بهذا المجال)الحكومة الإلكترونية (بواسطة آخرين

كالمملكة المتحدة، والنمسا، وكندا، وهولندا، ببرامج مماثلة، وقد تناولت المنظمات الدولية مثل (G٨)مجموعة الثماني والمجلس الأوروبي أيضاً هذا الموضوع، فقام المجلس الأوروبي بإطلاق المبادرة التي أسماها مبادرة أوروبا الإلكترونية، التي ركزت، ضمن أشياء أخرى، على مفهوم الحكومة المباشرة (Direct Government)، أي المحكومة الإلكترونية المتاحة على الشبكة العالمية للإنترنت، وهدف المجلس الأوروبي الأساسي هو إتاحة فرص الوصول السهل، لكل المواطنين، للمعلومات والخدمات وإجراءات صنع القرارات الحكومية على الشبكة العالمية للمعلومات)الإنترنت .(وهذه المبادرة تبناها المجلس الأوروبي خلال اجتماعه الذي عقد في لشبونة في مارس ٢٠٠٠م، وتم تكليف المفوضية الأوروبية بإعداد مخطط لذلك، أما بعض الدول فقد خطت خطوة أبعد من مجرد وضع الأجندة؛ ففلندا، مثلاً، وصلت إلى مرحلة وضع التشريعات الخاصة بهذا الموضوع، وفي أول يناير عام ٢٠٠٠م تم وضع قانون الخدمات الإلكترونية في مجال الإدارة موضع التنفيذ، والهدف الرئيس لهذا القانون هو تحقيق سهولة وسرعة الحصول على الخدمات الإلكترونية في مجالات الإدارة العامة مع تأمين حفظ البيانات .

وفي غضون تلك الفترة، قامت حكومة الولايات المتحدة بالتوسع في عمليات إتاحة فرص الوصول السهل للمواطنين للمعلومات والخدمات الحكومية على الشبكة العالمية، واقترحت بعض المبادرات التي بنيت على جهود الإدارة الأمريكية التي قادها نائب الرئيس الأمريكي إل غور في عام ١٩٩٣م .وفي ٢٤يونيو ٢٠٠٠م قامت الإدارة الأمريكية بطرح العديد من المبادرات التي وصفها الرئيس كلينتون، في الحديث الذي وجهه للشعب الأمريكي، بأنها سوف تقص الشريط الأحمر، وتجعل الحكومة أكثر استجابة لاحتياجات المواطنين، فتوسع فرص المشاركة في العملية الديمقراطية .وبنهاية عام ٢٠٠٠م يفترض أن يتحقق الآتي :

١   يتمكن المواطنون من استكشاف واستقصاء كـل المـوارد المعروضة بواسـطة الحكومـة الفيدراليـة عـلى الشبكة العالمية من موقع واحد على الشبكة يسمى. (firstgov. Gov).

٢   سوف يحصل المواطنون، والشركات والمؤسسات التجارية والصناعية والخدمية، والجمعيات الاجتماعيـة على ما يقارب ٥٠٠بليون دولار في شكل منح وفرص شراء .

ويمكن تصنيف أنظمة الحكومة الإلكترونية إلى عدة أنظمـة حيـث يتم تقسيم العمل مـن خـلال هـذه الأنظمة إلى عدة مستويات من حيث التبسيط والتعقيد، وهذه الأنظمة هي :

١.   تأسيس أنظمة معلومات مبسطة للتفاهم من شأنها تمكين صُنّاع القرار من مختلف المهن أو من مختلف الخلفيات الثقافية والتنظيمية الذين يتحدثون بلهجات مختلفـة مـن التعاون لفهم مفردات بعضهم بعضاً، مثل :أدوات توليد الأفكار، وأدوات هيكلة المشاكل عـن طريق الرسم البياني تشكيل إجراءات البرامج وفقاً لنموذج معين مثل منهجية الأنظمة المبسطة أي سهلة الاستخدام، والتحليل الدقيق، وتطوير الخيارات الإستراتيجية وتحليلها .

٢.   جمع البيانات أو وسائل البحث والاستقصاء المبنية عـلى الملاحظـات، في مجـالات البحـوث والتحريـر أو تلخيص الوقائع الأساسية لموضوع ما أو المعاملات المختلفة .

٣.   تنظيم وتحليل المعلومات المتعلقة بالأحداث والأوضاع والمشاكل المختلفـة وأنظمـة الموازنـة مـن خـلال الجداول الإلكترونية، ويعتبر هذا واحداً من أكبر مجالات الحكومة الإلكترونيـة، وأدوات الـذاكرة الخاصـة بالمؤسسات، ويعني ذلك تنظيم الوثائق وحفظها في مواقع مشـتركة تتيح لمستخدميها تقديم حلقات ترابط معلوماتية في مختلف المجالات، وتحديد العلاقات الرئيسة مع وثائق المؤسسة أو التنظيم الرئيسة، وبعض أنظمة إدارة الوثائق الإلكترونية تستخدم رموزاً معينة على

الوثائق الورقية وذلك للمساعدة في تأسيس حلقات الترابط بينها وبين الوثائق الإلكترونية، وأنظمة القرار -مثلاً، ونظم المعلومات الجغرافية (GIS)، والبرامج التدريبية المصممة لصناع القرار، مثل برامج إدارة الأزمات .

٤. دعم ومساندة الاتصالات والمعاملات عن طريق البريد الإلكتروني، والمؤتمرات الإلكترونية، وأنظمة المؤتمرات بواسطة الفيديو، ووسائل إدارة الاجتماعات، وأنظمة مساندة المناقشات، والوثائق الإلكترونية المتبادلة .

٥. صياغة القرارات، واستخدام الجداول الإلكترونية، والأنظمة الخبيرة، مثلاً :اختبار الترابط والدقة بين هذه الأنظمة ومدى فاعليتها .

٦. البيئات التي توفر التكامل في تقديم الخدمات للمواطنين في داخل شبكات الإنترنت العالمية تعتبر من أهم الأمثلة، ومع ذلك، وفي حالات كثيرة نجد أن الاستخدام المبسط لهذه الشبكات هو السائد في الواقع .

جميع هذه الأنظمة يجب أن تصهر في بوتقة واحدة من أجل الوصول في نهاية المطاف إلى نظام إلكتروني فاعل ومتكامل يتيح للجميع العمل بسهولة ومرونة كبيرتين دون حدوث أدنى مشاكل تؤثر على سير العمل وانسيابيته .

نظريات الحكومة الإلكترونية :

ثمة أربع نظريات مهمة تدور جميعها حول تطبيق الحكومة الإلكترونية والنتائج التي قد تترتب على تزايد تطبيق أنظمتها؛ إلا أنها تتنافس فيما بينها في مدى إعانتها الحكومات على القيام بالمهام المناطة بها بصورة أفضل قياساً على معايير المصالح الرئيسة التي تشكل عمليات صنع القرار، كما تتنافس في قدرتها على تقديم المساندة الكافية لإنجاز العمل بسرعة .

وكل واحدة من هذه النظريات يمكن النظر إليها كأحد السيناريوهات المستقبلية المتاحة لفهم التأثيرات المتوقعة للحكومة الإلكترونية، وهذه النظريات هي:

العقلانية :

هنالك بعض الأشخاص الذين يجادلون بعناد وإصرار بأن استخدام هذه التقنيات يمثل تحسناً كبيراً -دائماً- في مقدرات الحكومة، ذلك على أقل تقدير في الاستناد إلى العقلانية عند اتخاذ القرارات .(Tapscott, ١٩٩٧) والتكلفة الوحيدة المتكبدة هي تكلفة شراء هذه التقنيات وتشغيلها .ووفقاً لهذا الرأي، فإن هذه الأنظمة سوف تقلل بصورة مطردة من تكاليف الحصول على المعلومات وترتيبها وترميزها وتنظيمها وإدارتها واستخدامها . وتأسيساً على ذلك، فإن هذه الأنظمة سوف تحقق عائداً يفوق تكاليف إنشائها خلال فترة حياتها الافتراضية .وهذا التفاؤل مبني على نظرية قديمة، تقول إن المعلومات تقلل من الشكوك، وتزيد من احتمالية صحة القرار المتخذ .

الثمن :

مجموعة أخرى من النظريات تقبل على الأقل إمكانية زيادة قدرات التحكم وانعكاس ذلك على نوعية عمليات اتخاذ القرار وعقلانيتها، لكنها في الوقت نفسه تصر على أن ذلك لا يتأتى بدون ثمن وهذه النظريات تؤمن بضرورة عمل ترتيبات الحماية والوقاية وإلا سوف يكون الثمن غالياً فيما يتعلق بالحرية والخصوصية الشخصية للمواطنين، والحفاظ على سرية المعلومات -.**ضوضاء المعقولية وتآكلها :**

النظرية الثالثة :وهي الأكثر تشاؤماً؛ إنها تقوم على الادعاء القائل بأن:

الحكومة الإلكترونية سوف تقضي على العقلانية بصورة عامة، وعلى الزعم السائد بضعف قدرة القطاع العام على إدارة المعلومات بصورة جيدة بالمقارنة مع مؤسسات القطاع الخاص، وعلى الهواجس الأخرى المسيطرة التي تقوم بصرف انتباه

صانعي القرارات بعيداً عن العوامل الضمنية النوعية لكي يركزوا انتباههم على العوامل الواضحة، التي يمكن قياسها كمياً .الأمر الأخير، وربما يكون الأكثر أهمية، أن هذه النظرية تتخوف من عدة أشياء مثل التفسير المبسط بأكثر مما ينبغي للبيانات، والنمذجة المبسطة، والتبسيط الشديد بدءاً من عمليات التحليل حتى صياغة التوصيات .وهذه النظرة ترفض بصورة مطلقة الاعتقاد السائد بأن المعلومات هي التحكم والرقابة، وتفضل أن تعتبر المعلومات - مجازاً -كالضوضاء .

٤-التقنية :

التقنية كرمز مقدس وميدان تنافس، أداة مهمة في ظروف الصراع الاجتماعي القائمة، والنظريات التي وردت في المجموعة الرابعة والمجموعة الأخيرة ركزت على أنه لن يكون للتقنية نفسها تأثير جوهري ومستقل على عملية اتخاذ القرارات .

تقنيات الحكومة الإلكترونية والحكم الصواب :

يعتبر الحكم الصواب على الأشياء وتقديرها حق قدرها مهارات حرفبية تتمتع بها الحكومة وتعينها على عمليات صناعة القرارات .ومع ذلك لو تم استخدام أدوات الحكومة الإلكترونية في إصدار الأحكام الاقتصادية أو بديلاً لها، فإن العواقب قد تكون وخيمة .لأن القرار لا بد أن يبنى على العقلانية، وليس من المناسب اتخاذه آلياً، ويكمن دور تقنيات المعلومات عند صناعة قرار سياسي أو اقتصادي في توفير المعلومات المناسبة واللازمة لصناعة ذلك القرار .ولعل أهم ما يميز الحكومة الإلكترونية أنها تلغي المركزية والتحكمية، وتقضي على الروتين والإجراءات البيروقراطية .لذا فإنه من الأهمية بمكان أن تكون أدوات الحكومة الإلكترونية المستخدمة لتسهيل الإجراءات في غاية الدقة والسرعة والأمان، كما يجب أن توضع أدوات الحكومة الإلكترونية تحت الاختبار من قبل الجهات

ذات العلاقـة باسـتخدامها، وهـم الخـبراء والموظفـون الـذين يعملـون عـلى هـذه الأدوات، والمواطنـون الـذين يستخدمونها لأغراضهم المختلفة.

تعريف الحكومة الإلكترونية :

تعرف الحكومة الإلكترونية بأنها قـدرة القطاعـات الحكوميـة المختلفـة عـلى تـوفير الخـدمات الحكوميـة التقليدية للمواطنين وإنجاز المعاملات عبر شبكة الإنترنت بسرعة ودقة متناهيتين، وبتكـاليف ومجهـود أقـل، ومـن خلال موقع واحد على الشبكة .

فوائد الحكومة الإلكترونية :

إن الحكومات المتعددة تتنافس اقتصادياً، وترغب في جذب العمل التجاري العـالمي .فهـي تحـت ضـغط التكاليف تجد من الصعوبة بمكان أن تكبح مصروفاتها الذاتية، وهي تواجه أولويات تتعلـق بالمصروفات .وتحتـاج الأعمال التجارية، وكذلك المواطنون، لمستوى أفضل من الخدمات، وكلما انتشر استخدام التقنية ازدادت التوقعـات والآمال بأن على الحكومات استخدام تلك التقنية لتقديم خدمات أفضل وبطريقةٍ مريحةٍ أكثر .

لقد جرى الترويج بفعالية لفوائد الحكومة الإلكترونيـة عـلى أعـلى المسـتويات .ففـي عـام ١٩٩٥م، قامـت مجموعة الدول السبع التي أصبحت الآن مجموعة الثماني بإنشاء برنامج يسـمى)الحكومـة عـلى الخـط المبـاشر (يعتمد على رغبة الحكومـات عـلى نطـاق العـالم في تخفيض تكـاليف الخـدمات المقدمـة وتحسـين مسـتوى هـذه الخدمات عبر استخدام فعال ومبتكر لتقنيات المعلومات، بذلك يتم تحويل الحكومات إلى إلكترونية بحيـث يمكـن تصريف معظم الأعمال الإدارية إلكترونياً مع بداية القرن الحادي والعشرين .

وستقوم الحكومة الإلكترونية بتقديم الخدمات التالية :

١ خدمة مرتبطة ومستجيبة أكثر لحاجات الجماهير .

٢ خدمات شاملة وبتكاليف أقل .

٣ تقليل الاعتماد على العمل الورقي .

٤ تحسين سبل الوصول إلى المعلومات .

٥ تكاليف إدارية أقل فيما يخص المعاملات التجارية للحكومة وللقطاع الخاص .

٦ الشفافية في التعامل .

٧ تصوراً أفضل للحكومة بحيث تكون أكثر ارتباطاً واستجابةً، وسبل الوصول إليها أيسر .

٨ كسر الحواجز الجغرافية، وتلك المتعلقة بالسكان، والمهارة والمعرفة الفردية والقدرة على الدفع .

في ظل المتغيرات العالمية المتلاحقة أصبحت الحاجة ملحة إلى تحديث الإدارة الحكومية بشكل ينعكس على المواطنين، بل على كل مؤسسات الدولة في صورة إنجاز الخدمات بصورة أكثر فاعلية، إضافة إلى الاستغلال الأمثل لمصادر معلومات الحكومة، بحيث يتاح للاقتصاد الكلي أن يرفع مستوى إنجازه ويزيد من فعاليته ويعزز من قدرته التنافسية، وبذلك تكون الحكومة الإلكترونية واحدة من الدعائم الأساسية والضرورية لتحويل المجتمع إلى مجتمع واقتصاد معلوماتي⁽⁾، إلا أن هذا لا يأتي إلا بمساعدة الحكومة، من خلال إعادة هندستها، على تغيير مفهوم الإدارة العامة بشكل عام لتضع لها تعريفات جديدة؛ حيث ستتحول الخطوط الفاصلة بين الحكومة والقطاع الخاص إلى خطوط رمادية ومتداخلة وعندها يمكن للحكومة أن تقدم أعمالاً تقنيات يقدمها القطاع الخاص والعكس صحيح.

إن تطور تكنولوجيا المعلومات والاتصالات وتزاوجهما البديع جعل المؤسسات الحكومية تعيد النظر في علاقاتها ومعاملاتها الداخلية والخارجية، من خلال استخدام تكنولوجيا المعلومات والاتصالات الحديثة في أتمتة علاقاتها وتعاملاتها مع محيطها الداخلي والخارجي، والمتمثل في عملائها ومورديها وموظفيها.

المبحث الثاني: مفهوم الحكومة الإلكترونية E- Government

هناك العديد من التعريفات التي ساقها الخبراء في هذا المجال، ولكن بداية يمكن الإشارة إلى أن مفهوم الحكومة الإلكترونية يرتبط دائماً بوجود بنية أساسية من تكنولوجيا المعلومات ويمكن وصول كل أو أغلب المواطنين إليها للحصول على خدمة حكومية، وتطور الأمر إلى أن تقدم هذه الخدمات أيضاً إلى قطاع رجال الأعمال بكفاة وشفافية عالية .

والمتتبع لتعريفات الباحثين للحكومة الإلكترونية، يجد أنها تدور في فلك ثلاثة مدارس رئيسة يمكن عرضها فيما يلي :

-١مدرسة تكنولوجيا المعلومات :()

وهي المدرسة التي تؤمن بضرورة تفعيل الخدمة من خلال استخدام كافة تكنولوجيا المعلومات لتوصيلها إلى المواطنين بكفاءة فعالة وبالوقت الحقيقي .

وفي هذا الخصوص ترى الحكومة البريطانية أن الحكومة الإلكترونية هي قيام المؤسسات الحكومية المحلية بتقديم خدمات عبر أدوات ووسائل إلكترونية وتحتوي هذه الوسائل الإلكترونية على خطوط اتصال هاتف أو فاكس، أو الإنترنت سواء تم استخدامها من خلال حاسوب شخصي أو جهاز مرئي رقمي أو هاتف أو أي أداة أخرى والوصول الإلكتروني يمكن أن يكون مباشراً أو عبر مراكز خدمة أو يمكن أن تقدم الخدمة إلى جمهور المواطنين الذين يفضلون القيام بأعمالهم بشكل مباشر او عبر الهاتف .

ويرى فريق ثاني الحكومة الإلكترونية بأنها قدرة القطاعات الحكومية المختلفة على توفير الخدمات الحكومية التقليدية للمواطنين بوسائل إلكترونية وبسرعة وقدرة متناهيتين وبتكاليف ومجهود أقل ومن خلال موقع واحد على شبكة الإنترنت .

ويرى فريق ثالث أن الحكومة الإلكترونية هي مجموعة من التطبيقات التكنولوجية التي تهدف إلى تطبيق تكنولوجيا المعلومات في تقديم الخدمات العامة من خلال وسائل الاتصال الحديثة إلى الانترنت أو الهواتف التي تهدف تحسين توصيل الخدمات للمواطن وزيادة التأثير الإيجابي على مجتمع الأعمال وجعل الحكومة تعمل بكفاءة وفاعلية .

-٢مدرسة إبداع الإدارة :

وهي المدرسة التي تنادي بضرورة إحداث تغييرات تحولية في مفهوم الإدارة والتحول من الإدارة التقليدية إلى إدارة التغيير والابتكار .ويرى أنصار هذه المدرسة أن الخدمات الإلكترونية التي تقدمها الحكومة الإلكترونية يجب أن تتوافق مع مفاهيم معينة مثل إدارة العلاقة بالعميل وتسويق العلاقة، والتوجه بالمواطن وغيرها من المفاهيم التي تضع المواطن في قمة اهتمامات التنظيم .

وفي هذا الشأن عرف البعض الحكومة الإلكترونية بأنها منهجية إجرائية محددة تعطي القدرة على مراجعة التغيير المقترح من النواحي الفنية والعملية ومعرفة مدى تلبيته لاحتياجات العمل والعميل بأسلوب واضح وموحد مع القدرة على تعديله وفقاً لمتطلبات العمل والخبرات الناتجة عن التطبيق .

ويرى البعض أن الحكومة الإلكترونية هي قدرة القطاعات الحكومية على تبادل المعلومات وتقديم الخدمات فيما بينها وبين المواطن وبين قطاعات الأعمال، بسرعة ودقة عالية وبأقل تكلفة عبر شبكة الإنترنت، مع ضمان سرية وأمن المعلومات المتناقلة .

ويرى فريق آخر أن المفهوم الجديد للحكومة الإلكترونية يقصد به القيام بمعظم التعاملات الخدمية والإدارية، من خلال التواصل عبر الحاسوب، من خلال شبكة الإنترنت، فيتم الاستعاضة عن المعاملات الورقية بمعاملات إلكترونية دون الحاجة للانتقال من مكان إلى آخر في سبيل تحقيق أكبر قدر ممكن من الرضا بمستوى الخدمات المقدمة للعملاء .

ومن ناحية أخرى يمكن القول إن الحكومة الإلكترونية هي إعادة ابتكار الأعمال والإجراءات الحكومية بواسطة طرق جديدة لإدماج المعلومات وتكاملها وإمكانية الوصول لها عن طريق موقع إلكتروني، والمشاركة في عملية الشراء وأداء الخدمة .

وأخيراً ينظر آخرون إلى الحكومة الإلكترونية بأنها عملية تحويل طبيعة إدارة الشئون العامة بالتأثير على العلاقة والمسئولية بين الدولة والفرد؛ بهدف تحقيق أكبر إشباع للمواطن .

-٣مدرسة إعادة اختراع الحكومة :

وهي المدرسة التي تؤمن بإعادة اختراع الحكومة من خلال إحداث تغييرات جوهرية في أساليب واستراتيجيات تفاعل الحكومة مع المواطنين، وأن تكون خدمات الحكومة للمواطنين مستندة إلى مبادئ وأسس العدالة والإنصاف والديمقراطية والشفافية والمساءلة والمشاركة في اتخاذ القرارات .كما تؤمن هذه المدرسة بمبدأ التسويق المجتمعي؛ حيث ينبغي تسويق خدمات الحكومة بما يحقق الأهداف السامية للمجتمع .

وبهذا الصدد يرى البعض أن الحكومة الإلكترونية هي "نموذج أعمال مبتكر مستند للتكنولوجيا، خصوصاً تكنولوجيا الخدمة الذاتية اللاسلكية، وأساليب التفاعل والشفافية والمصداقية والثقة المتبادلة، مكرس وموجه بالمواطنين ومنظمات الأعمال الربحية منها وغير الربحية، ويستهدف بالدرجة الأساس تقديم خدمات عامة بأسلوب مميز يأخذ

بالاعتبار خصوصيات السوق المستهدفة، ويحقق لأطراف التبادل والتعامل الأهداف المشتركة بكفاءة فعالة .

أما البعض الآخر فيرى أن الحكومة الإلكترونية هي مصطلح مرادف لعمليات تبسيط الإجراءات الحكومية، وتيسير النظام البيروقراطي أمام المواطنين من خلال ايصال الخدمات لهم وبشكل سريع وعادل في إطار النزاهة والشفافية والمسائلة الحكومية .

وفي الولايات المتحدة الأمريكية، فقد ظهر مفهوم الحكومة الإلكترونية في إطار برنامج إعادة اختراع الدولة، حيث وعي هذا البرنامج إلى التوسع في استخدام تكنولوجيا حديثة في مجال تقديم الخدمات وخاصة تلك الخدمات التي تمس عدداً كبيراً من المواطنين .

ومن ناحية أخرى يرى البنك الدولي بأن الحكومة الإلكترونية هي مصطلح حديث يشير إلى استخدام تكنولوجيا المعلومات والاتصالات من أجل زيادة كفاءة وفاعلية وشفافية ومساءلة الحكومة فيما تقدمه من خدمات إلى المواطن، ومجتمع الأعمال من خلال تمكنهم من خلال المعلومات بما يدعم كافة النظم الإجرائية الحكومة ويقضي على الفساد ."

وأخيراً يرى البعض أن مفهوم الحكومة الإلكترونية يعكس سعي الحكومات إلى إعادة ابتكار نفسها لكي تؤدي مهامها بشكل فعال في الاقتصاد العالمي المتصل ببعضه البعض عبر الشبكة، والحكومات الإلكترونية ليست سوى تحول جذري في الطرق التي تتبعها الحكومات لمباشرة أعمالها، وذلك على نطاق لم نشهده منذ بداية العصر الصناعي .

ولذلك يمكن القول إن الحكومة الإلكترونية هي تسهيل تقديم الخدمات العامة للمواطنين أو قطاعات الأعمال، كما أنها تمتد لمجالات عديدة أخرى منها استخدامها كوسيلة لإرساء الديمقراطية من خلال التصويت الإلكتروني في الانتخابات .

وبناء على ما سبق يمكن تعريف الحكومة الإلكترونية بأنها :عملية تغيير وتحويل العلاقات بين المؤسسات الحكومية والمواطنين ورجال الأعمال من خلال تكنولوجيا

المعلومات بهدف تقديم خدمات أفضل للمواطنين، تحسين التعامل والتفاعل مع رجال الأعمال ومجتمع الصناعة، وتمكين المواطنين من الوصول للمعلومات مما يوفر مزيد من الشفافية، وإدارة المؤسسات الحكومية بطريقة أكثر كفاءة، تحجيم الفساد وزيادة الشفافية، وتعظيم العائد ككل أو تخفيض النفقات وزيادة قناعة المواطن بدور المنظمات الحكومية في حياته.

التطور التاريخي للحكومة الإلكترونية :

لقد ظهرت في العصر الحديث ومع نهاية القرن العشرين وبدايات القرن الحادي والعشرون عدة مفاهيم جديدة لم تكن معروفة من قبل، مثل الكتاب الإلكتروني والمكتبة الإلكترونية، والمكتبة الافتراضية، والتجارة الإلكترونية، والمنظمة الإلكترونية، والتعليم عن بعد، والعمل عن بعد، إلى غير ذلك من المفاهيم الجديدة، ولكن مصطلح (E – Government الحكومة المتشابكة بينياً أو ما يعرف بالحكومة الإلكترونية)، يعتبر قفزة في القاموس السياسي المتأثر بمتغيرات العصر، وأصبحت الحكومات الإلكترونية سمة أساسية للرقي والتحضر في الدول، فالكثير من الاقتصاديين والإداريين عندما يقومون بتشخيص أسباب تخلف الدول والشعوب يضعون على رأس تلك الأسباب التخلف الإداري والتنظيمي، ومن هذا المنطلق يصبح عامل السمو بمستوى وجودة الأداء الإداري والتنظيمي هدفاً جوهرياً تسعى الحكومة لتحقيقه .[()]

ولا شك أن النصف الثاني من التسعينيات قد شهد انفجاراً في حاضر شبكة الإنترنت على المستوى العالمي هذا الانفجار الذي سيؤثر في مستقبلها أيضاً، فقد ارتفع عند مستخدمي الشبكة من ٩٥مليوناً عام ١٩٩٨ إلى ٣٥٠ مليوناً عام ٢٠٠٣ وما استتبعه ذلك من مبادرات على المستوى العالمي والإقليمي والدولي بهدف بناء نماذج للحكومات الإلكترونية، كل ذلك ترك أثاراً واسعة المدى على مضمون وأشكال تقديم الخدمة أو

تبسيط إجراء الخدمة أو القوانين التي تحكم تقديم الخدمات أو سرعة تقديم الخدمة ناهيك عن التوفير في العمالة والوقت اللازمين لأداء هذه الخدمات، مما اعتبر معه أن هذه النماذج في الحكومة وهذا التطور في شكل ومستوى تقديم الخدمات إلكترونياً من أهم الأنشطة التي يمكن أن تقوم بها الدول على شبكة الإنترنت .

ولقد تطورت الطريقة التي يقدم بها الخدمات من جانب الحكومة إلى عملائها من خلال المراحل التالية :

١. **المرحلة الأولى :مرحلة الميلاد)عصر ـ الحاسوب :(**تعود هذه المرحلة إلى بداية النصف الثاني من القرن العشرين، حينما دخلت الحواسيب في مجال التطبيقات الإدارية المختلفة، وفي هذه المرحلة تطوير أنظمة العمل داخل الإدارات المختلفة من خلال البرامج التي سهلت كثيراً عمل الموظف العادي وساعدته في سرعة إنجاز أعماله المختلفة .

٢. **المرحلة الثانية :مرحلة التصعيد)عصر ـ أنظمة المعلومات :(**وتعود هذه المرحلة إلى حقبة السبعينيات والثمانينيات، وهي المرحلة التي تم فيها وضع بعض الخدمات من خلال أنظمة المعلومات على الأجهزة المختلفة، وهي ما عرفت باسم أتمتة بعض الخدمات، وفي هذه المرحلة يحصل المواطن على الخدمة من خلال أنظمة المعلومات .

٣. **المرحلة الثالثة :مرحلة الذروة)عصر الإنترنت :(**وهي مرحلة عصر الإنترنت)في منتصف التسعينيات(، وفيها يتم تفعيل أداء الحكومة مثل تسديد فواتير الهواتف أو الكهرباء من خلال الهواتف أو الماكينات .

٤. بالاتصال من خلال الفضاء الإلكتروني، سواء بالنسبة لأداء الموظفين لأعمالهم داخل الأقسام الإدارية المختلفة، أو بالنسبة لاتصال المواطن بهذه الإدارات، وفي هذه المرحلة يتم تفعيل الاتصال بين الإدارات المختلفة أيضاً، مثل شركات الكهرباء والبنوك وغير ذلك؛ بحيث تتم جميع الخدمات بشكل متكامل .

وإذا ما أردنا الوقوف على الواقع العربي في ميدان بناء الحكومات الإلكترونية، فإننا نشير إلى أن الجهد الأميز تمثل بتجربة دولة الإمارات العربية، فبالرغم من عدم اكتمال عقد الحكومة الإلكترونية إلا أن تهيئة الواقع التكنولوجي والمهاري لمؤسسات الدولة تحقق على نحو كبير بحيث يبدو أن التجربة برمتها تترك ضمن رؤية استراتيجية واضحة، وفي هذا الخصوص يمكن ملاحظة ما يلي :

١ إيمان القيادة السياسية في دولة الإمارات بأهمية تطبيق مفهوم الحكومة الإلكترونية في الإمارات كلها وحث الوزارات على ذلك .

٢ كما يعود السبب أيضاً إلى توافر البنية الأساسية لتكنولوجيا المعلومات في الإمارات ممثلة في كثير من المظاهر .

٣ أيضاً ما أشار إليه وزير مجلس شئون الوزراء من سياسة تبسيط الإجراءات في دولة الإمارات ككل، وكذلك تبسيط التشريعات بما تتلاءم مع الموقف التكنولوجي الجديدز

٤ عدم وجود ثغرات رقمية -ذات بال -بين الإدارات والمؤسسات والمصالح الحكومية في دولة الإمارات العربية المتحدة ناهيك عن ارتفاع الدخل الوطني .

ولذلك لم يكن غريباً أن تصنفها الأمم المتحدة بين الدول الرائدة على مستوى العالم في تطبيق مفهوم الحكومة الإلكترونية .

أهداف الحكومة الإلكترونية :

إن القدرة على تطبيق مفهوم الحكومة الإلكترونية بالمعنى الشامل، سوف يحقق في طياته العديد من أهدافها وخاصة فيما يتعلق بتيسير الإجراءات الرسمية وتذليل الصعوبات التي يواجهها المواطن، والتي بلا شك تعبر عن الهدف الأساسي من تطبيق الحكومة الإلكترونية، ففي بيئة الحكومة الإلكترونية تتلاحم العوامل السيكولوجية للبشر مع العوامل التكنولوجية لتحقيق جودة تقديم الخدمات للمواطن .

ويسعة القائمين على مشروع الحكومة الإلكترونية إلى تغيير الأسلوب الذي تؤدي به الحكومة أعمالها من خلال إدخال تكنولوجيا جديدة وأسلوب عمل جديد لحكومة منفتحة على المواطنين، ومن الأهداف الرئيسة التي يمكن تحقيقها من خلال الحكومة الإلكترونية ما يلي :

١. **رفع مستوى الأداء** : إمكانية انتقال المعلومات بدقة وانسيابية بين الدوائر الحكومية المختلفة، مما يقلص الازدواجية في إدخال البيانات والحصول على المعلومات من القطاعات التجارية والمواطنين .

٢   **زيادة دقة البيانات** : نظراً لتوافر إمكانية الحصول على المعلومات المطلوبة من جهة الإدخال الأولية، فإن الثقة بصحة البيانات المتبادلة التي أعيد استخدامها ستكون مرتفعة، وسيغيب القلق من عدم دقة المعلومات أو أخطاء الإدخال اليدوي .

٣   **تلخيص الإجراءات الإدارية** : مع توفر المعلومات بشكلها الرقمي، تتقلص الأعمال الورقية وتعبئة البيانات يدوياً، كما تنعدم الحاجة لتقديم نسخ من المستندات الورقية طالما أن الإمكانيات متاحة لتقديمها إلكترونياً .

٤   **الاستخدام الأمثل للطاقات البشرية** : إذا تم احتواء المعلومات بشكل رقمي، مع سهولة تحريكها وإعادة استخدامها إلكترونياً من مكان لآخر سيصبح بالمستطاع توجيه الطاقات البشرية للعمل في مهام وأعمال أكثر إنتاجية .

٥   **زيادة الإنتاجية وخفض التكلفة في الأداء** : وذلك باستخدام التكنولوجيا المبنية على شبكات المعلومات، وإيجاد طرق أفضل لمشاركة المواطنين في العملية التنفيذية .

٦   **رفع كفاءة أداء العاملين**، باستخدام تكنولوجيا الاتصالات والمعلومات، وتغيير ثقافة المؤسسة .

٧ **مواكبة التطور التكنولوجي**، بما يحقق التكاملية مع التكنولوجيا المتقدمة في مجال تكنولوجيا المعلومات، وبما يخدم مصلحة المواطن ويسهل الإجراءات المتبعة في الجهات الحكومية وغير الحكومية .

٨ **دعم النمو الاقتصادي**، من خلال توفير البيئة الاقتصادية المناسبة والتي يمكنها تدعيم تطبيقات الحكومة الإلكترونية .

ومن جهة أخرى يرى البعض الآخر أن المسئولين عن تنفيذ الحكومة الإلكترونية مناط بهم تحقيق الأهداف التالية :

١. تقديم موقع واحد للمعلومات الحكومية. **ionatOne - stop Inform**

٢ نقل التدابير الحكومية على الخط. **rement Online Moving cupro Government**

٣ تطبيق النماذج الرقمية وإتاحة تعبئتها على الخط. **Electronic Filling Implementing**

٤ تطوير بنى تحتية عامة في حقل التكنولوجيا والتشفير وبقية الاحتياجات التكنولوجية في بيئتي الاتصال والحوسبة. **Key Infrastructure Developing a Public**

٥ تقديم الخدمة الحكومية على الخط. **enternm Online. Putting GovesServic**

٦ تسهيل نظام الدفع الإلكتروني. **estiiliacents Fym Electronic Pa**

٧ تحقيق فعالية الأداء الحكومي. **ntability Government EfficiencyouccA**

إن تحقيق هذه الأهداف وما يندرج في نطاقها من أهداف فرعية لا يمكن أن ينجز دون اعتماد استراتيجية وطنية واضحة وحكيمة في بناء الحكومة الإلكترونية، استراتيجية تنطلق من دراسة الواقع القائم ومشكلاته قبل المباشرة في نقل العمل الواقعي إلى العمل الرقمي، إذ سيؤدي ذلك حتماً إلى انتقال عيوب الواقع إلى البيئة الإلكترونية، وخاصة أن أهم الأهداف المرجوة من الحكومة الإلكترونية، ما توفره من الوقت والجهد في إتمام إجراءاته .

أهمية الحكومة الإلكترونية :

للحكومة الإلكترونية أهمية خاصة سواء على مستوى المواطن أو على مستوى الحكومة نفسها، والتي يمكن حصرها فيما يلي :

(١) القدرة على **تحسين أداء المنظمات الحكومية** من خلال :[()]

١) تخفيض الإنفاق الحكومي والتكاليف المباشرة؛ حيث يمكن خفض تكلفة الخدمات الحكومية بصورة فعالة، وخاصة تكلفة العاملين والبريد والطباعة والإعلان وعمليات الشراء الحكومي التي تمثل حجماً هائلاً من الإنفاق الحكومي .

٢) تحقيق التنسيق بين المنظمات الحكومية مع بعضها البعض، فمن خلال الإنترنت يمكن إجراء تبادل المعلومات بين الجهات الحكومية في إطار من التأمين والسرية، مما يساعد على سرعة الإجراءات .

٣) الانفتاح على العالم الخارجي والتعرف على التكنولوجيا الحديثة في تقديم الخدمات وتبسيط الإجراءات الحكومية في أقل وقت ممكن .

٤) خفض دورة الوقت المرتبطة بإنتاج وتوصيل الخدمات وذلك لطبيعتها الفورية .

٥) تقديم الخدمات من خلال عدد محدود من العمالة الإدارية ذات كفاءة ومهارة خاصة في استخدام تكنولوجيا المعلومات .

٦) عدم وجود مستويات إدارية متعددة مما يساعد على السرعة في صنع واتخاذ القرار وتقديم الخدمات .

٧) تحسين الخدمات من خلال التقارير الواردة بالبريد الإلكتروني للتعرف على أهم معوقات الخدمات وكيفية مواجهتها وتطويرها بما يحقق مقدار من الثقة والثبات للمنتفعين .

(٢) تقديم نماذج جديدة من الخدمات الإلكترونية مثل التعليم الإلكتروني، من خلال الحواسيب وبرمجياتها المختلفة سواء على شبكات مغلقة أو شبكات مشتركة أو شبكة الإنترنت وهو تعلم مرن مفتوح (.)

(٣) تقديم خدمات إلكترونية ذات طابع دولي؛ حيث يتم تقديم الخدمات من خلال الإنترنت والتي لا تعرف الحدود المكانية أو الجغرافية .

(٤) غياب المستندات الورقية للخدمات الإلكترونية؛ حيث يتم ملء نماذج الخدمة ودفع الرسوم واستلام الموافقات دون تبادل مستندات ورقية .

(٥) التعامل دون الكشف عن هوية المتعاملين أو التيقن منهم في بعض الخدمات التي لا تقضي التعرف على صاحب الخدمة أو طالبها .

الآثار المترتبة على التحول للحكومة الإلكترونية :

يرى البعض أن التغيير الذي حدث في تكنولوجيا المعلومات أدى إلى تطور كثيف وشديد في الهياكل التنظيمية للمنظمات بغية تعزيز الأنشطة في تلك المنظمات، مما يتطلب إعادة تقييم النظريات التنظيمية ونظريات الأسواق لكي يساهم في تطوير المنظمات في عصر تكنولوجيا المعلومات، ومن ناحية أخرى يرى البعض الآخر أن توظيف تكنولوجيا المعلومات بصورة صحيحة وحسب احتياج نشاط المنظمة يساهم في عملية إعادة تجديد سلوكها، وتغيير أنشطة المنظمات، كما ساهمت في تغيير وتعزيز العلاقة بين المنظمة ومورديها وعملائها وشركائها، وذلك من خلال دمجها في نظام معلوماتي موحد كل منها يحقق الفائدة المرجوة العائدة من هذا النظام .

وللحكومة الإلكترونية العديد من الآثار الإيجابية والسلبية، والتي تنعكس بدورها بداية على المنظمات الحكومية نفسها، المواطنين والقطاع الخاص، والعاملين في الحكومة، والتي يمكن حصرها فيما يلي :

أ المنظمات الحكومية :

١- تساعد الحكومة الإلكترونية على توفير نظم المعلومات اللازمة لدعم اتخاذ القرارات الإدارية من خلال نظم تبادل المعلومات بدقة وبطريقة علمية تحقق القدرة على الرقابة والضبط المحاسبي .

٢- تمكن المشروعات الإنتاجية في المدن والمحليات على التخلص من مخزونها الراكد بسرعة وتكلفة أقل عن طريق المزادات التي يمكن عرضها على الشبكة .

٣- تُمكن المنظمات الحكومية في الاتصال السريع بالمواقع للحصول على التوريدات اللازمة،

٤- مع إمكانية التعرف على الأسعار والمواصفات ومعاينة البضائع التي تحتاجها المنظمة،

٥- للتعاقد وسداد الثمن واستلام البضاعة دون الحاجة إلى ترتيبات حكومية مسبقة،

٦- خلال فترة زمنية قصيرة .

٧- تغيير صورة المنظمات الحكومية من الصور التقليدية التي تعتمد على استخدام عدد كبير من العمال،

٨- واستخدام هياكل تنظيمية معقدة إلى الصورة الإلكترونية التي تحتاج إلى عمالة قليلة،

٩- واستخدام هياكل تنظيمية مرنة دون تقيد بوجود مواقع جغرافية أو مباني كبيرة .

١٠- تساعد الحكومة الإلكترونية على تطبيق اللامركزية المؤسسية والمشاركة الشعبية،

١١- مما يساعد على نجاح مشروع الحكومة الإلكترونية .

١٢- إعادة هندسة الإجراءات الحكومية من خلال توفير الخدمات الحكومية بصورة أسرع،

١٣- وبتكلفة أقل تؤدي إلى إعادة تنظيم الإدارة الداخلية والإجراءات ودمج وتكامل قواعد المعلومات للهيئات الحكومية،

١٤- من هذا المنطلق يستفيد المواطن كعميل،

١٥- كما أنها تخدم أيضاً الأعمال التجارية التي يتحول أصحابها إلى عملاء للخدمات الحكومية وموردين لخدمات وسلع للحكومة في آن واحد .

١٦- تطوير نظام إدارة الحكم والشئون العامة (Governance) وإيجاد علاقة جديدة بين المواطنين والدولة في إدارة شئون الدولة

١٧- زيادة فاعلية التعاملات الحكومية فيما بين المصالح الحكومية وبين المواطن،

١٨- من خلال تقليص الإجراءات وتبادل المعلومات بين الجهات ذات العلاقة .

١٩- رفع مستوى الكفاءة والفاعلية للعمليات والإجراءات داخل القطاع الحكومي مـن خـلال تسـهيل وتسريع تقديم الخدمات،

٢٠- حيث سيتمكن الجمهور من إتمام جميع إجراءاتهم من الدوائر الحكومية عبر الإنترنت .

٢١- تطوير جودة الخدمات وتقليل نسبة الأخطاء،

٢٢- وزيادة سرعة الاستجابة وتقديم الخدمات والمعلومات في موعدها المحدد عبر الإنترنت .

٢٣- تبسيط الإجراءات وتسهيلها مما سيؤدي إلى خفض النفقات،

٢٤- وزيادة الطلب على الوظائف والخدمات التي يتطلبها النظام الجديد،

٢٥- ما يساعد على استقطاب المزيد من المهارات والخبرات إلى الجهات الحكومية،

٢٦- إضافة إلى جذب الشركات العاملة في مجال التكنولوجيا المتطورة . ()

٢٧- تعزز الحكومة الإلكترونية شفافية العمل الحكومي ومكافحة الفساد،

٢٨- من خلال إيصال معلومات أكثر،

٢٩- ومن ثم ضمان شفافية وتطبيق القوانين وفق قرارات محددةن والقدرة عـلى إيصـال القـرارات والتعلـيمات إلى الموظفين المدنيين بشكل فوري،

٣٠- وأن تصبح كافة الأعمال قابلة للمساءلة وللمراجعة من قبل طالب الخدمة تجاه الحكومة،

٣١- وإذا وضعت هذه الأهداف موضع التنفيذ فإن أعمال الفساد ستقل بشكل ملحوظ .

٣٢- انخفاض عدد الوثائق الورقية المتبادلة في إجراء وتنفيذ المعاملات بحيث تصبح الرسالة الإلكترونية هي الوثيقة الوحيدة المتاحة أمام كلا الطرفين مما ينعكس على سرعة الإجراءات وقلة عدد المستندات .

٣٣- سرعة الإنجاز حيث يتيح هذا المفهوم تقديم الخدمات ٢٤ ساعة يومياً وكذلك تقديم ذات الخدمة بشكل جماعي .

ب على المواطنين والقطاع الخاص :

١. تعزيز الاتصالات بين الحكومة من جهة والمواطنين والقطاع الخاص من جهة أخرى، مما يتيح للحكومة الإطلاع على وجهات نظر الجميع حيال مستوى الخدمات المقدمة، وخلق وسيلة اتصال فعالة وقوية مع الجميع مهما بعدت المسافات.

٢. العدالة في تقديم ذات الخدمة بذات التكلفة والدقة والجودة وفي توقيت موحد إلى جانب المساواة في المعاملة والتقدير والاحترام، مما يساهم في زيادة رفاهية المواطنين .

٣. تحقيق أكبر المعدلات من الاستفادة بالوقت للمواطن والقطاع الخاص، من خلال عمل الحكومة أربع وعشرون ساعة يومياً على مدار العام وحتى في أوقات الإجازات الرسمية، والمساهمة في التخلص من الطوابير الطويلة في المعاملات .

٤. إمكانية التخاطب الإلكتروني بين القطاعات الحكومية لتقديم خدمة موحدة سيساهم بشكل مباشر في رفع مستوى الخدمات الحكومية التي تقدم للمواطنين والقطاع الخاص، كما يجعلها أكثر تنظيماً في تحقيق احتياجات الراغبين في الحصول عليها .

٥. تطوير المعلومات للقطاعات الحكومية والأنظمة الخاصة بالخدمات التي تقدمها بشكل فوري، والذي سيساهم في توفير معلومات دقيقة وحديثة للمستخدمين .

٦. تساعد على سرعة الاستجابة لطلبات المواطنين والقطاع الخاص، إذا ما قورنت بالمعاملات الورقية الأخرى التس تستعرق وقتاً طويلاً .

٧. إن تطبيق مفهوم الحكومة الإلكترونية في إدارة الخدمات العامة يمكن أن يعطي فرصة جيدة للمكفوفين لإنجاز أعمالهم وخاصة إذا قدمت الخدمة بالصوت .()

٨. تساعد الأفراد ومؤسسات الأعمال على التعرف على العديد من الخدمات الإلكترونية المتنوعة واختيار أنسبها في أقل وقت ممكن .

٩. تمكن الأفراد داخل المجتمع المحلي من التفاعل مع بعضهم وبصفة خاصة المجتمعات كثيفة السكان، وتبادل المعارف والمعلومات والأفكار والخبرات بينهم .

) ج (العاملين في الحكومة :

١. رفع مستوى أداء العاملين في الحكومة، من خلال إمكانية انتقال المعلومات بدقة وانسيابية بين الدوائر الحكومية المختلفة، مما يقلص الازدواجية في إدخال البيانات والحصول على المعلومات من القطاعات التجارية والمواطنين، كما أن تدوير المعلومات إلكترونياً من مرحلة التقديم إلى الحصول على الموافقة بين القطاعات الحكومية والمتعاملين معها يعني أن الإجراءات يمكن أن تنجز خلال دقائق أو ثوان بدلاً من ساعات أو أيام .()

٢. زيادة دقة البيانات الحكومية، نظراً لتوفر إمكانية الحصول على المعلومات المطلوبة من جهة الإدخال الأولية، وستزيد الثقة بصحة البيانات المتبادلة التي أعيد استخدامها، وسيغيب القلق من عدم دقة المعلومات أو الأخطاء الناجمة عن الإدخال اليدوي .

٣. الاستخدام الأمثل للطاقات البشرية الحكومية، فإذا تم احتواء المعلومات بشكل رقمين مع سهولة تحريكها وإعادة استخدامها إلكترونياً من مكان لآخر، سيصبح بالمستطاع توجيه الطاقات البشرية للعمل على مهام وأعمال أكثر إنتاجية .

٤. توفير الوقت والجهد للعاملين في الحكومة، حيث إن الوقت والجهد والمال يعد من العوامل المهمة التي تحكم نمط الخدمات الجماهيرية التي تقدمها الحكومة سواء في شكل الخدمة القائم بذاته أو في طريقة تقديمها .

٥. إعادة هندسة توزيع المهام والصلاحيات الخاصة بالعاملين بالحكومة، من خلال إعادة هندسة عمليات اتخاذ القرارات في الجهاز الحكومي وتفويضها إلى أدنى المستويات ضماناً لسرعة اتخاذ القرارات واتخاذها في الموقع المناسب لها .

٦. إعادة هندسة التركيب التنظيمي، حيث إن إعادة هندسة العمليات يتطلب إعادة هندسة التركيب التنظيمي للجهاز الحكومي بما يتلاءم والطريقة الجديدة في سير العمليات في الجهاز الحكومي والأسلوب الحديث في طريقة إدارته والمواقع الجديدة لاتخاذ القرار في وحداته المختلفة .

٧. وبالرغم من المزايا والآثار الإيجابية العديدة السابقة للحكومة الإلكترونية إلا أنه يوجد العديد من السلبيات أهمها :

٨. مشكلة البطالة : إن الاعتماد على الأجهزة الإلكترونية في القيام بالأنشطة الحياتية بدلاً من الإنسان يؤثر على سوق العمالة والطلب عليها، مما يثير التساؤل الآتي : هل سيكون على الشركات أن تخفض أيام العمل في الأسبوع إلى أربعة أو ثلاثة

أيام حتى يمكنها الحفاظ على مستوى العمالة لديها؟ خصوصاً أنه وبالفعل هناك مناقشات جادة في العديد من الدول حول هذا الموضوع، وهل ستضع الشركات قيوداً على المعلوماتية التي تحل محل أعداد كبيرة من البشر؟ وهل ستتدخل الحكومات في ذلك؟ وهل ستسمح الحكومة وقطاع الأعمال باستغلال التكنولوجيات الحديثة على نطاق قد يتضرر منه المجتمع؟ ورغم ما يمكن أن توفره المعلوماتية من فرص جديدة للعمل، إلا ان هذه الفرصة لن تكون متاحة لمن تم الاستغناء عنهم في مجالات عملهم، فهي ستكون فرص ذات طبيعة فنية عالية وحرفية خاصة بمجموعة من المؤهلين (.)

٩. شعور الموظفين بالعزلة وافتقادهم إلى العلاقات الإنسانية: فالحاجة للتغييرات التكنولوجية المصاحبة للحكومة الإلكترونية أدت إلى تغييرات تنظيمية في العلاقات والاختصاصات، كما أدت إلى تغييرات إنسانية في الدوافع والمعرفة والمهارات الجديدة، إضافة إلى التغييرات الإجرائية في القدرة والاستعداد، بمعنى التداخل والترابط بين أنواع التغيير ذاته، إذ أن أي منها يؤثر في الآخر ويتأثر به ويترابط معه، مما يؤثر سلباً على الحالة النفسية للعاملين في الحكومة نفسها (.)

١٠. مشكلة التفكك الاجتماعي: مزيد من التفكك الاجتماعي يتوقع أنه يواجهه العاملون في الحكومة الإلكترونية في حالة الاعتماد الكامل على المعلوماتية وتقليل فرص الاتصال الجماهيري بين البشر، وبالتالي فقدان جزء كبير من العلاقات الاجتماعية والتي تنشأ غالباً في أماكن التجمع مثل مواقع التعليم والتسوق والعمل وأماكن الترفيه وغيرها، كذلك فإن حدوث الخلل في النظام الاقتصادي في المجتمع كانتشار البطالة نتيجة لإلغاء بعض المهن واندثار أخرى وظهور مهن جديدة، من شأنه أن يؤدي إلى نفس النتيجة في التفكك الاجتماعي (.)

١١. مشكلة السرية والأمن: إن ثورة المعلومات داخل نمط الحكومة الإلكترونية تقضي على خصوصية الأفراد وحقهم في الحفاظ على حرماتهم وأسرارهم الخاصة،

فقواعد المعلومات المرتبطة بعضها بالبعض الآخر والتي تحتوي على أسماء الأفراد وعناوينهم ووظائفهم وحالتهم الاجتماعية والصحية بل ونوعية مشترياتهم، يهدد مستقبلهم وقد يعرضهم لمخاطر لم تكن في حسبانهم، ومن المتوقع أن تزداد قدرة الآخرين على رصد تحركاتهم .

١٢. التفاعل الجماعي :لقد صاحب الحكومة الإلكترونية العديد من التغيرات التنظيمية والاجتماعية المتعددة، فالتقسيم الزائد في العمل ووضع معايير للوظائف وغيرها من التغييرات التي أحدثتها تكنولوجيا المعلومات أدت إلى جعل العلاقات بين الأفراد تتسم بالتجريد والفتور، ويرجع ذلك إلى الخطأ في استخدام نفس الهياكل التنظيمية للجماعة وعدم تعديلها بما يتلاءم مع الوضع الجديد، وقد أدى ذلك إلى تواجد هياكل اتصال غير ملائمة، لذا أصبح من الملائم تعديل الهياكل الهرمية لأنها أصبحت غير ملائمة وأصبحت الهياكل التي تميل إلى الاتساع والامتداد الأفقي هي الأكثر ملائمة، ويرى الباحث أنه من الملائم في ظل هذا الوضع تشكيل فرق عمل من وقت لآخر لإنجاز مهام محددة مع تحديد صلاحيات ومسئوليات وإمكانيات الفريق ومعايير اختيار أعضاء الفريق ومنسق أو قائد للفريق وأيضاً المدة الزمنية لعمل الفريق وغير ذلك من الأسس الواجب مراعاتها للبناء السليم لفريق العمل، وفي ظل تكنولوجيا المعلومات أصبح مفهوم فريق العمل ممتد، فلم يعد يقتصرـ على تواجد أعضاء الفريق في نفس المكان، ولكنه امتد ليشتمل فريق عمل متواجد في أنحاء متفرقة من العالم ويعمل عبر شبكة معلومات إلكترونية .

١٣. ضغوط العمل :إن تكنولوجيا المعلومات المصاحبة للحكومة الإلكترونية يؤدي إلى زيادة عبء العمل الكمي للوظيفة والذي ينتج عنه قلق المشغل الناتج عن خوفه من عدم قدرته على ملاحقة تطورات التكنولوجيا الجديدة بما أدى في النهاية إلى زيادة ضغوط العمل، وقد تسببت أيضاً إلى انخفاض العبء الكيفي للوظيفة من

خلال تبسيط العمل مع وضع معايير جامدة والذي ساعد إلى الرتابة الشكلية للعمل الذهني وهذا يعتبر أيضاً مصدراً من مصادر الضغوط الواقعة على الفرد لانخفاض عبء الدور الذي يقوم به، بالإضافة إلى المزيد من القلق والتوتر لبعض العاملين نظراً للخوف من التغيير وفقد المكانة، أو عدم القدرة على التعامل مع التكنولوجيا الجديدة والخوف من الفشل والإحلال الوظيفي .

١٤. الرضا الوظيفي :مع التقدم المذهل لتكنولوجيا المعلومات قد يصبح الفرد أقل رضا عن عمله، بسبب انخفاض أو ارتفاع عبء الدور، غموض الدور نتيجة افتقار الفرد إلى المعلومات التي يحتاجها في أداء دوره في المنظمة، تعدد نظم المراقبة الإلكترونية المستخدمة في متابعة ومراقبة العاملين، استخدام وسائل الاتصال الإلكترونية مع الحاجة إلى عمليات الإقناع والاتفاق والاتصالات غير اللفظية .

الحكومة الإلكترونية بين النص والتطبيق:

- هل هناك أي لفظة غير كلمة (التغيير) تصف بشكل أفضل المفهوم المهني والشخصي للحياة في مجملها؟
- هل تشعر بالسعادة والطمأنينة إذا ما سارت الأمور بشكل أفضل وأسهل وأبسط وأقل تعقيداً،
- كما كانت عليه في السبعينيات من القرن الماضي؟
- هل أنت في أي بلد عربي ستكون أفضل حالاً عما كنت عليه في السبعينيات والثمانينيات وحتى اليوم مقارنة بالمواطن الأوروبي أو الأمريكي أو في الشرق الأدنى بالماضي والحاضر؟
- هل أنت كمواطن عربي راض عن استجابة أي إدارة من إدارات الدولة لطلباتك فيما يتعلق بطلب الحصول على أحد المستندات التالية على سبيل المثال:

-١وثيقة تثبت أنك بريء الذمة أمام الدوائر المالية.

-٢أن تحصل على موافقة الدوائر المالية لتسجيل قرار الهيئة العامة لإحدى الشركات بأقل من (١٥) يوماً.

-٣شهادة تسجيل علامة فارقة.

-٤أن تحصل على شهادة مدرسية أو جامعية.

-٥شهادة من إحدى النقابات المهنية التي تنتسب إليها.

-٦أن تحصل على حكم قضائي بالسرعة المطلوبة وخلال حياتك.

- هل أنت أو أي مواطن في الوطن العربي قد أدركت ما حدث ويحدث كل يوم من تغيرات في سورية أو في الإمارات العربية المتحدة أو في الدول الأجنبية التي تهتم حكوماتها بالعمل على تقديم أفضل الخدمات إلى مواطنيها بالسرعة المطلوبة؟
- هل نحن في الوطن العربي نعيش في واقع لا يمكن تفاديه؟
- هل أنت متفائل بأن الإدارات الحكومية في أي بلد عربي تعمل على أن تكون في خدمة المواطن بالسرعة الممكنة في المستقبل القريب ...واستطراداً في المستقبل البعيد؟
- هل أنت مدرك كم تزداد حجم الخدمات أمامك وأمام أي حكومة عربية لخدمة المواطن فيها؟

لابد لك أيها المواطن العربي في أي بلد عربي أو في أي منطقة أو في أي قرية من أن تدرك مع الحكومات العربية أن التغييرات البدنية التي تحدث في أجسامنا باعتبارنا بشراً منذ عشرات آلاف السنين هي :تغيرات بطيئة هي :تغيرات طفيفة للغاية في مقابل ما نواجهه من تغيرات متسارعة ومذهلة في أساليب الحياة التي علينا إتباعها وفي أنظمتنا القانونية، وفي إجراءات الإدارات الحكومية في أي بلد عربي.

• هل تستطيع الحكومات العربية أن تغير من أدائها في كل ما يتعلق بحقوق المواطن وبتقديم أفضل الخدمات التي يحتاجها الإنسان؟

في الجواب :إن سياسة التغيير يمكن أن تحقق للمواطن كافة ما يطلبه من خدمات وما يترتب له من حقوق تجاه الدولة فيما إذا تحققت النية والإدارة للتغيير قبل فوات الأوان على إمكانية التغيير ليحصل المواطن العربي على حقوقه كاملة في وطنه.

لذلك كله:

نحن بحاجة للتغيير وهذا ما يتطلع إليه أي مواطن عربي في أي بلد عربي، بحاجة وبشكل مستمر إلى حملات التغيير في أداء إدارات الحكومات العربية على اختلاف أنواعها ونظمها السياسية بشكل عام وما عليها تقديمه من خدمات لأي مواطن يطلب من إدارات الحكومة تقديمها له بما يتناسب مع السرعة التي تسير بها عقارب الساعة يومياً.

وفي هذا الفصل سيكون محور التركيز فيه على الجوانب الإدارية في أداء المؤسسات الحكومية والقطاع العام والقيادات التي تدير تلك الإدارات الحكومية ما يستدعي التبصر والفهم بطبيعة ما يتطلبه التغيير في العمل المؤسساتي وعلى التعرف والتعلم على أساسيات التغيير ومبادئه ووضع التوجهات لإدارة التغيير الجذري وتحديد مفاهيم هذا التغيير في الأداء الإداري.

مفهوم الدولة والمواطن والحكومة

من الواقع الذي الشعوب العربية ومن معتقدات واختلافات شعوبنا مع شعوب بعض القارات فإننا بلاشك نتفق معها بمرور زمن طويل على أن الإنسان بدأ العيش منفرداً ثم تحول للعيش مع عائلته الصغيرة ثم التعامل مع غيره، وقد سعى إلى التعاون والعمل الجماعي في مقابل العمل الفردي، حيث أخذت المجتمعات القبلية تتحول إلى جماعات كبيرة عملت على تنظيم نفسها وسعت إلى حماية نفسها ووجودها وممتلكاتها ومصادر طعامها ومواردها حتى أصبح الفرد الواحد في أي جماعة قوة للجماعة، ومن تلك المنطلقات أخذت تظهر القيادة الجماعية حتى برز إلى الوجود مفهوم الدولة ومفهوم السلطات الثلاث، وتم إحداث ما نراه اليوم الحكومة التي أخذت تمثل كياناً منبثقاً عن

جماعة معينة عن شعب معين أو أمة معينة، حيث أخذت كل واحدة منها على عاتقها إدارة وتنظيم استخدام قوة الجماعة.

ومع التطور التاريخي للحياة وما رافقها من اكتشافات حتى أصبح انتقاء أفراد الحكومة من الأمور الهامة والصعبة من حيث اختيار الوزراء والمعاونين لهم والمديرين والمحافظين حتى تستطيع الحكومة أن تلبي حاجة الجماعة في العيش والتطور والحماية.

ومن هذا الدور للحكومة برز إلى الوجود العلم الإداري الذي أصبح من أهم العلوم لأنه يسهم مساهمة فعلية في أهم عملية من عمليات أي دولة وهي:

-إعداد هيكل الحكومة.

-إعداد تنظيم أقسام الحكومة.

-اختيار الوزراء والمعاونين والمديرين أصحاب الكفاءات والمهارات العالية.

-تحديد قنوات الاتصال بين المسؤولين في الحكومة وأفرادها ورؤسائها.

-تحديد أساليب الاتصال مع أفراد المجتمع حتى وصل مفهوم الحكومة الحالية في أي بلد في العالم حتى ما قبل نهاية القرن العشرين إلى ما يسمى :الحكومة الكلاسيكية.

ومهمة الحكومة من حيث المبادئ الدستورية في أي دولة في العالم شاملاً معظم الدول العربية ما يلي:

-إقامة كيان تنظيمي مهمته اتخاذ القرارات الإستراتيجية في كل أمر يتعلق بالآتي:

*الاقتصاد الوطني وتطويره.

*الأمن الوطني وحمايته.

*السياسة الوطنية والدولية.

والحكومة التي يمكن تسميتها حكومة ناجحة، يجب أن تحقق الآتي:

١-الأمن الوطني والعسكري.

٢-الأمن الاقتصادي.

٣-التنمية الاجتماعية والعلمية.

٤-تعزيز وتنمية الناتج القومي وحمايته من ظروف المستقبل غير المتوقعة.

٥-المحافظة على المواطن.

٦-السهر على أمن المواطن.

٧-تنفيذ الخدمات والاستجابة لطلبات المواطن دون إهمال ودون ابتزاز.

٨-التعليم المستمر والمثمر للمواطن لإنتاج جيل جديد يتحدى ويجابه أجيالاً غيره في بقية الدول لأنه المؤهل لاستلام الإدارة العامة.

٩-تقديم خدمات يومية للمواطنين من دون ابتزاز.

١٠-تقديم خدمات للمؤسسات العامة والخاصة.

١١-إقامة قضاء عادل ونزيه ومستقل عن أي سلطة وأي نفوذ مادي أو معنوي أو سلطوي.

الغزو الإلكتروني ومقياس المجتمعات

مع أواخر القرن الماضي وبداية القرن الحادي والعشرين أصبح مقياس المجتمعات بما لديها من العلم والمعرفة في المعلوماتية والإنترنت ومن الممكن لأي شخص عندما يسافر من بلد إلى آخر أن يشاهد بعض المسافرين على متن إحدى الطائرات يستعملون الحاسب الإلكتروني لأعمالهم الخاصة أو الاتصال مع الغير أو مع الأهل أو الأصحاب عبر مقاهي الإنترنت، والحصول على أي خدمات يطلبها من حكومته، وهذا يثبت لأي شخص في أي بلد عربي أن معظم المجتمعات في العالم دخلت وبصورة متسارعة عصر العولمة في كافة الميادين الاقتصادية أو الاجتماعية، حتى أخذ كل واحد منا يعيش حروب الغزو الإلكتروني الذي حل محل غزو الحروب العسكرية لأي بلد في أي وقت وفي أي مكان، دون حارس أو رقيب، فالعالم يصبح قرية صغيرة مفتوحة شوارعها ضيقة على

بعضها بعضاً لا يوجد ستار حديدي ولا زجاجي لأي معلومة ولأي خبر مهما كان نوعه سواء كان اقتصادياً أو اجتماعياً أو سياسياً.

لقد تم الغزو عن طريق الإنترنت الذي اعتمد على الألياف البصرية والصور الملونة الناطقة وقد أصبح أي بلد وأي مسؤول في العالم تحت المجهر، وهذا المجهر يتكلم عنه بالتعابير الحسنة أو السيئة، لقد أصبحت شبكة الإنترنت من أهم الاتصالات الخلوية بين دول العالم بين (الحكومات) بين (الشركات) بين (الأفراد) لتقديم الخدمات لأي شخص طبيعي أو اعتباري.

ولابد لنا من الإشارة إلى أن قطر ومملكة البحرين والإمارات العربية المتحدة والأردن قد أخذت باستعمال الإلكترون والبوابات الإلكترونية لتقديم خدمات إلى مواطنيها، كما أن سورية بدأت بتمحيص وتدقيق هذا العلم الإداري الجديد وهو في طور تجسيده بأنظمة ولإحداث بوابة إلكترونية، ولكن لا يزال معظم الدول العربية متخلفة عن العديد من الدول في العالم لتقديم خدماتها باعتماد الإلكترون إلى مواطنيها بالسرعة المطلوبة دون ابتزاز.

بيروقراطية الحكومة الكلاسيكية باعتماد الإلكترون

لقد عانت ولا تزال تعاني العديد من المجتمعات في العالم العربي مما يسمى الروتين الحكومي حيث أصبح الأفراد يعانون من الأمور التالية وعلى سبيل المثال:

١-حكومات بيروقراطية في الأسلوب الذي تتبعه بتقديم خدماتها إلى المواطنين.

٢-إدارات حكومية أصبحت شبه عاجزة وغير قادرة على التفاعل والتكيف مع متطلبات العصر الحديث فيما يتعلق بتقديم خدماتها إلى الأفراد ومنها على سبيل المثال:

-معاملات وثائق الدوائر المالية.

-معاملات وثائق الدوائر العقارية.

-معاملات وثائق دوائر وزارة الاقتصاد.

-معاملات وثائق دوائر البيئة.

-معاملات المحاكم والدوائر القضائية.

لذلك، فقد أصبح المواطن في العديد من الدول العربية متشائماً يائساً حيث وجد نفسه أنه دافع للضرائب مقابل أن يستلم خدمات جيدة وسريعة من الإدارات الحكومية بأسرع وقت إلا أنه يجد نفسه أمام روتين)قاتل (عندما يطلب من إحدى دوائر الدولة خدمة)ما (أو وثيقة ما أو)قراراً ما (دون أن يجد استجابة سريعة من المسؤول أو الموظف في الحكومة الكلاسيكية.

"عوامل النجاح في الإدارة الإلكترونية "

"على المسؤولين في المنشأة الحكومية أو الأهلية الذين يرغبون التحول إلى الإدارة الإلكترونية أن يأخذوا في الاعتبار عدة عوامل لتحقيق النجاح في المنشأة، ومن أهمها :

-١وضوح الرؤية الإستراتيجية للمسؤولين في المنشأة، والاستيعاب الشامل لمفهوم الإدارة الإلكترونية من تخطيط وتنفيذ ونتاج وتشغيل وتطوير، كما نلاحظ في بعض الدوائر الحكومية والشركات التجارية وجود إعلانات كبيرة بالمنشأة لتوضيح الرؤية والرسالة .

-٢الرعاية المباشرة والشاملة للإدارة العليا بالمنشأة، والبعد عن الاتكالية والارتجالية في معالجة الأمور .

-٣التطوير المستمر لإجراءات العمل، ومحاولة توضيحها للموظفين لإمكانية استيعابها، وفهم أهدافها، مع التأكيد على تدوينها وتصنيفها .

-٤التدريب والتأهيل وتأمين الاحتياجات التدريبية لجميع الموظفين كلاً حسب تخصصه .

-٥التحديث المستمر لتقنية المعلومات ووسائل الاتصال .

٦-تحقيق مبدأ الشفافية والتطبيق الأمثل للواقعية .

٧-تأمين سرية المعلومات للمستفيدين .

٨-الاستفادة من التجارب السابقة وعدم تكرار الأخطاء .

٩-التعاون الإيجابي بين الأفراد والإدارات داخل المنشأة وترك الاعتبارات الشخصية .

مراحل الانتقال السليم من الإدارة التقليدية إلى الالكترونية

مراحل التحول إلى الإدارة الإلكترونية:

التحول إلى الإدارة الإلكترونية يحتاج إلى عدة مراحل كي تتم العملية بشكل يحقق الأهداف المرجوة، ومـن تلك المراحل ما يلي :

١-قناعة ودعم الإدارة العليا بالمنشأة:

ينبغي على المسؤولين بالمنشأة أن يكون لديهم القناعة التامة والرؤية الواضحة لتحويل جميع المعاملات الورقية إلى إلكترونية كي يقدموا الدعم الكامل والإمكانيات اللازمة للتحول إلى الإدارة الإلكترونية .

٢-تدريب وتأهيل الموظفين :

الموظف هو العنصر الأساسي للتحول إلى الإدارة الإلكترونية، لـذا لابـد مـن تـدريب وتأهيل المـوظفين كي ينجزوا الأعمال عبر الوسائل الإلكترونية المتوفرة، وهذا يتطلب عقد دورات تدريبيـة للمـوظفين، أو تـأهيلهم عـلى رأس العمل .

٣-توثيق وتطوير إجراءات العمل :

من المعروف أن لكل منشأة مجموعة من العمليات الإدارية أو ما يسمى بـإجراءات العمـل، فبعض تلـك الإجراءات غير مدونة على ورق، أو أن بعضها مدون منذ سنوات طويلة ولم يطرأ عليهـا أي تطـوير، لـذا لابـد مـن توثيق جميع الإجراءات وتطوير القديم منها

كي تتوافق مع كثافة العمل، ويتم ذلك من خلال تحديد الهدف لكل عملية إدارية تـؤثر في سـير العمـل وتنفيـذها بالطرق النظامية، مع الأخذ بالاعتبار قلة التكلفة وجودة الإنتاجية .

٤-توفير البنية التحتية للإدارة الإلكترونية:

يقصد بالبنية التحتية أي الجانب المحسوس في الإدارة الإلكترونية، من تأمين أجهزة الحاسب الآلي، وربط الشبكات الحاسوبية السريعة والأجهزة المرفقة معها، وتأمين وسائل الاتصال الحديثة .

٥-البدء بتوثيق المعاملات الورقية القديمة إلكترونياً:

المعاملات الورقية القديمـة والمحفوظـة في الملفـات الورقيـة ينبغـي حفظهـا إلكترونيـاً بواسـطة الماسـحات الضوئية (Scanners) وتصنيفها ليسهل الرجوع إليها، على سبيل المثال :إحدى الجهات الحكومية لديها أكثر من ٤٢ مليون مستند ورقي، تم تحويل ٧٠٪ تقريباً إلى مستند إلكتروني .

٦-البدء ببرمجة المعاملات الأكثر انتشاراً:

البدء بالمعاملات الورقية الأكثر انتشاراً في جميع الأقسام وبرمجتها إلى معاملات إلكترونية لتقليل الهـدر في استخدام الورق، وعلى سبيل المثال :نموذج طلب إجازة يطبق في جميـع الأقسـام بـلا اسـتثناء، فمـن الأفضـل البـدء ببرمجته وتطبيقه .

إن أفضل سيناريو للوصول إلى تطبيق سليم لإستراتيجية الإدارة الالكترونية مع استغلال أمثل للوقت والمال والجهد هو بتقسيم خطة الوصول إلى المرحلة النهائية للإدارة الالكترونية إلى ثلاث مراحل طبعـاً عـلى أن يـتم ذلـك بعد القيام بإصلاح إداري شامل وتام للنظام الإداري التقليدي)إذ لا يمكن كما شرحنا سابقاً الانتقال من نظام إداري تقليدي متهرئ وفاسد إلى نظام الكتروني هكذا دفعة واحدة لذلك فان تقسيم الخطة إلى مراحل من شأنه أيضاً أن يؤدي إلى اندماج المجتمع بشكل كلي في خطة الإدارة الالكترونية بحيث يتأقلم معها ويتطور بتطورهـا عـلى عكـس ما يحدث عند تطبيق الإدارة الالكترونيـة دفعـة واحـدة ممـا يـؤدي إلى تفـاجئ المجتمـع بهـا وقـد يـتم رفضـها أو مقاومتها في حينه، وعلى العموم فان هذه المراحل هي:

١-مرحلة الإدارة التقليدية الفاعلة:

في هذه المرحلة يتم تفعيل الإدارة التقليدية والعمل على تنميتها وتطويرها، في الوقت الذي يتم البدء فيه أيضاً، وبشكل متوازي، بتنفيذ مشروع الإدارة الالكترونية بحيث يستطيع المواطن العادي في هذه المرحلة تخليص معاملاته وإجراءاته بشكل سهل وبدون أي روتين أو مماطلة، في الوقت الذي يستطيع فيه من يملك حاسب شخصي أو عبر الأكشاك الاضطلاع على نشرات المؤسسات والإدارات والوزارات وأحدث البيانات والإعلانات عبر الشبكة الالكترونية، مع إمكانية طبع أو استخراج الاستمارات اللازمة وتعبئتها لإنجاز أي معاملة.

٢-مرحلة الفاكس والتلفون الفاعل:

تعتبر هذه المرحلة الوسيط بين المرحلة الأولى والمرحلة التي ستأتي فيما بعد، وفي هذه المرحلة يتم تفعيل تكنولوجيا الفاكس والتلفون بحيث يستطيع المواطن العادي في هذه المرحلة الاعتماد على التلفون المتوفر في كافة الأماكن والمنازل وخدمته معقولة التكلفة، يستفيد منه في الاستفسار عن الإجراءات والأوراق والشروط اللازمة لإنجاز أي معاملة بشكل سلس وسهل ودون أي مشاكل وبحيث أنه يستطيع استعمال الفاكس لإرسال واستقبال الأوراق أو الاستمارات وغير ذلك، وفي هذه المرحلة يكون قسم أكبر من الناس قد سمع أو جرب نمط الإدارة الالكترونية بحيث يستطيع كبار التجار والإداريين والمتعاملين والقادرين في هذه المرحلة من إنجاز معاملاتهم عبر طريق الشبكة الالكترونية لأن هذه المرحلة يكون عدد المستخدمين للانترنت متوسط كما من الطبيعي أن تكون التعرفة في هذه المرحلة أكثر كلفة من الهاتف والفاكس لذلك فان الميسورين وما فوق هم الأقدر على استعمال هذه التكنولوجيا.

٣-مرحلة الإدارة الالكترونية الفاعلة:

في هذه المرحلة يتم التخلي عن الشكل التقليدي للإدارة بعد أن يكون عدد المستخدمين للشبكة الالكترونية قد وصل إلى مستوى حوالي ٣٠% ٢٥-من عدد الشعب (عال وتوفرت الحواسيب سواء بشكل شخصي- أو بواسطة الأكشاك أو في مناطق عمومية بحيث تكون تكلفتها أيضاً معقولة ورخيصة مما يسمح لجميع فئات الشعب باستعمال

الشبكة الالكترونية لإنجاز أي معاملة إدارية وبالشكل المطلوب بأسرع وقت وأقل جهد وأقل كلفة ممكنة وبأكثر فعالية كمية ونوعية)جودة( )ويكون الرأي العام قد تفهم الإدارة الالكترونية وتقبلها وتفاعل معها وتعلّم طرق استخدامها.

وعلى العموم فان سلم النجاح في التحول إلى حكومة الالكترونية هو صعوداً كما يلي:

١-جدية العمل الحكومي.

٢-سلامة التطبيق العلمي.

٣-تقويم الممارسة العملية.

٤-الارتقاء بمستوى الأداء .

٥-تقديم خدمة متميزة.

٦-إرضاء المجتمع.

متطلبات التحول الناجح للحكومة الإلكترونية

١-إصلاح العملية الإدارية:

ليست الحكومة الإلكترونية مجرد عملية آلية العمليات أو معالجة التصرفات والأفعال القائمة في الأعمال الحكومية بالمصالح والأجهزة المختصة، بل تختص الحكومة الإلكترونية بتكوين عمليات وعلاقات جديدة بين الحكومة والمواطنين والأعمال، كما أن استخدام تكنولوجيا المعلومات والاتصالات ليست مجرد أداة لتحقيق عوائد وتوفير التكلفة المترتبة على تشغيل وتعيين القوى العاملة أو في استثمار الوقت، كما أنه لا يتحقق بقيام العاملين بإعداد السجلات والوثائق الإلكترونية، بل إن الحكومة الإلكترونية تعتبر من الحلول الجوهرية لو استحسن استخدامها بشكل صحيح، على إصلاح العمليات والإجراءات القائمة التي تقوم بأدائها، لذلك يجب عند تطوير الحكومة الإلكترونية البدء في

التخطيط السليم لمشروعاتها ودراسة المجال الذي تطبق فيه تكنولوجيا المعلومات والاتصالات التي يجب أن توظف لتكوين عمليات جديدة تتسم بالشفافية في حل المشكلات.

وتمثل الشفافية أسلوباً جديداً للتعامل في حل المشكلات التي تواجه مسار إمداد المعلومات والخدمات الحكومية لجمهور المستفيدين، وعلى ذلك، فإن إصلاح العمليات الإدارية يمثل الخطوة الأولى في إطار عملية التحول الناجح نحو إقامة الحكومة الإلكترونية، وعلى الرغم من أن إصلاح العمليات يعتبر أساساً مرغوباً ومتطلباً، إلا أنه من المهم تكوين أو خلق عمليات وإجراءات جديدة تؤدي إلى إحداث تغييرات جذرية في أساليب وطرق العمل الإداري وخاصة في علاقاتها بالمواطنين ومنشآت الأعمال (Tsekos, Theodore and Peristeras, Vassilis, April ٢٠٠٣).

٢-القيادة الإدارية:

حتى يمكن تحقيق عملية التحول للحكومة الإلكترونية بنجاح، يصبح من الضروري توافر عدداً من القوى العاملة القادرة على التعامل والتكيف مع التكنولوجيا المتقدمة والتي سبق استعراض مجموعات المهارات اللازمة لها، وبدون هذه الكفاءات المؤهلة للتعامل مع متطلبات الحكومة الإلكترونية، يصعب بل ويستحيل تحقيق أهداف إقامة مشروعات الحكومة الإلكترونية حتى لو توافرت الإمكانيات والموارد المادية والمعنوية، لذلك فإن الحكومة الإلكترونية تتطلب قيادة سياسية وإدارية قوية تلتزم علناً بدعم الجهود التي تؤدي للتحول نحو الحكومة الإلكترونية من خلال توفير الوقت والجهد والمال والموارد والمناخ السياسي والاقتصادي والاجتماعي والتكنولوجي الذي يسهم في إطلاق قدرات القوى العاملة الإبداعية والخلاقة.

٣-وضوح الإستراتيجية:

التحول نحو حكومة إلكترونية فعالة وكفء وناجحة يتطلب وجود رؤية ورسالة واضحة المعالم وأوليات محددة ودقيقة في ضوء معايير ومواصفات واضحة المعالم تتماشى وتتطابق مع التطورات الحديثة في تكنولوجيا المعلومات والاتصالات.

ويتطلب الاستثمار الاستراتيجي توافر خطط استثمار واضحة وأهداف محددة ترتبط بالموارد البشرية والمادية المتاحة في الوقت المحدد لها، وعلى ذلك تختار مشروعات الحكومة الإلكترونية على أساس تحقيقها أقصى عائد ممكن يختص بعائد الاستثمار أو الاستغلال الأمثل للموارد البشرية والمادية، من هذا المنطلق، تنبثق ضرورة توافر معايير كيفية وكمية لقياس الإنتاجية والأداء الجيد المقبول.

٤-التعاون مع المجتمع:

حيث أن الحكومة الإلكترونية تقام في الأساس لخدمة المواطنين ومنشآت الأعمال وغيرها من منظمات المجتمع ووحداته، لذلك يجب التعاون معها ومشاركتها في بناء وإرساء علاقات متبادلة وتحالفات تعود بالنفع على المجتمع ككل، ولا يقتصر التعاون على العلاقة مع المواطنين ومنشآت الأعمال ومنظمات المجتمع فحسب، وإنما يشمل أيضاً علاقة المصلحة الحكومية بإداراتها ووحداتها وتنظيماتها المتعددة وعلاقة كل ذلك بمصالح والأجهزة الحكومية الأخرى على كافة المستويات المركزية والمحلية، كما يجب أن تتعاون منشآت القطاع الخاص مع الحكومة الإلكترونية بحيث لا يقتصر هذا التعاون على المعاملات الإلكترونية فحسب، بل يجب أن يتضمن أيضاً تبادل الرؤى والأفكار والاستثمارات.

٥-المشاركة المدنية:

المشاركة والتضمين المدني في أعمال الحكومة الإلكترونية يعتبر عاملاً مهماً وضرورياً لتأكيد فعاليتها ونجاحها، حيث تتجه نحو تحسين مقدرات المجتمع وفعاليته الحياتية، لذلك يجب مشاركة المواطنين ومؤسسات المجتمع المدنية من نقابات وجمعيات غير حكومية في اتخاذ القرارات الخاصة بالحكومة الإلكترونية من خلال التشاور والمشاركة الإيجابية للتعرف على وجهات النظر والآراء المختلفة نحو مشروعات الحكومة الإلكترونية.

الاستراتيجيات المشكلة للحكومة الإلكترونية

يمكن تحديد ثمان استراتيجيات أساسية ترشد وتوجه الأداء في جهود إقامة الحكومة الإلكترونية بطريقة مقبولة، وتتمثل هذه الاستراتيجيات في التالي:

١-سد الفجوة بين المهارات المطلوبة والمتاحة:

تحتاج الحكومة الإلكترونية إلى مهارات إدارية وتواصلية وتكنولوجية وتنظيمية وتسويقية واقتصادية، ... الخ، كما أن المهارات المحتاج إليها متجددة ومتغيرة على الدوام، ولهذا العامل الاستراتيجي يجب التأكيد على تنمية الموارد البشرية المحتاج إليها من الكفاءات المتاحة بالفعل وتأهيل قوى عاملة جديدة وتنمية المتوافر منها للقيام بمشروعات الحكومة الإلكترونية المتباينة والمتعددة.

وفي هذا النطاق تعتبر مشروعات تدريب خريجي الجامعات على تكنولوجيا المعلومات، وإقامة نوادي تكنولوجيا المعلومات، القرية الذكية، ...الخ من المشروعات التي قامت بها وزارة الاتصالات والمعلومات ذات طابع استراتيجي لسد الفجوة بين المهارات المطلوبة والمتاحة.

٢-سد الفجوة الشاسعة بين التوقعات وإدراك المواطنين:

إستراتيجية سد الفجوة الشاسعة بين توقعات الحكومة وإدراك المواطن العادي لخدمات الحكومة الإلكترونية، تحدد برامج التوعية نحو تسويق المعلومات والخدمات المتاحة بالفعل والشفافية المطلوبة في مشاركة الجمهور من المواطنين والأعمال في إدراك نقاط القوة والقصور والفرص الناجمة من الحكومة الإلكترونية والمخاطر التي تمثلها.

٣-الوصول للمواطنين:

إستراتيجية الوصول للمواطنين المحتاجين للمعلومات والخدمات الحكومية بغض النظر عن قدراتهم في الوصول لتكنولوجيا المعلومات والاتصالات، تحتاج إلى إمكانية إمداد هذه الخدمات وإتاحتها عبر مراكز خدمة المجتمع مثل مكاتب البريد ونوادي رعاية الشباب ونوادي تكنولوجيا المعلومات وغيرها.

٤-التحول في الخدمات:

تتمثل هذه الإستراتيجية في التحول من الخدمات الموجهة بالبرامج الفردية لخدمة متكاملة تقدمها الحكومة الإلكترونية في الوقت الحقيقي، حيث أن رؤى الحكومة الإلكترونية تعتبر رؤى متكاملة لإتاحة المعلومات والخدمات الحكومية التي تقدم في الوقت الحقيقي المناسب، ويستدعي ذلك إحداث تغييرات جوهرية وتحويلية في الأنشطة والعمليات التي لا يراها المستخدمون، حيث أنها تعتبر غير مرئية وتتم في الدوائر الحكومية المقدمة لمعلوماتها وخدماتها، وتشتمل هذه الأنشطة والعمليات على كثير من الإجراءات وتدفق العمل المرتبط بالأساليب الإدارية المختلفة والمتنوعة.

٥-التحول للديناميكية والتفاعل في الأداء:

إستراتيجية التحول من الويب الساكن إلى الويب الديناميكي النشط ترتبط بتفاعل المستخدمين مع الموقع المحدد للحكومة الإلكترونية بطريقة نشطة وإيجابية بحيث تتم التفاعلات وملأ النماذج وتسديد الرسوم وغير ذلك بطرق افتراضية على الويب حتى الحصول على المعلومات أو الخدمات المطلوبة.

٦-إتاحة الخدمات من خلال بوابات مكرسة لذلك:

إستراتيجية توفير الخدمات من خلال بوابات الحكومة الإلكترونية وإيجاد حلول للمشكلات والأمور الخاصة بالخصوصية ومشاركة البيانات من خلال تكنولوجيا البوابة Portal حيث يتطلب ذلك تكامل عمليات وإجراءات أعمال جديدة ووسائل لحماية الخصوصية والسرية وضمان أعلى مستويات الأمن والجودة بالإضافة إلى حماية الملكية وتوفير الخدمة الحكومية بسهولة وكفاءة وفعالية.

٧-وضع خريطة واضحة:

إستراتيجية صياغة خريطة واضحة المعالم توضح الوضع الحالي والوضع المستهدف الوصول إليه في المستقبل، تشرك المستخدمين الحاليين والمتوقعين بأبعاد ومراحل وبرامج الحكومة الإلكترونية.

٨-الدعم والمساندة المطلوبة:

إستراتيجية دعم ومساندة جهود ومتطلبات الحكومة الإلكترونية مـن خـلال تـوفير أدلـة إرشـادية ونمـاذج أعمال مبتكرة ومعلومات مفصلة وبرامج توعية وتدريب مختلفة.

التقييم الاستراتيجي

يمكن استقراء تحديات الحكومة الإلكترونية في التنميـة والإصلاح الإداري في الألفية الثالثة في مصرـ مـن خلال التقييم الاستراتيجي)للأوجه السياسية، الاجتماعية، الاقتصادية والتكنولوجية للحكومة الإلكترونية باستخدام أسلوب التقييم الاستراتيجي لنقاط القوة الضعف والفرص المتاحة والمخاطر والتهديدات الذي يطلق عليـه أسـلوب (SWOT)وتعتبر هذه الأوجه الخاصة بالحكومـة الإلكترونيـة ذات مسـتوى عـال لتوجيـه أداء مشروـع الحكومـة الإلكترونية المستهدف.

اتجاهات الإدارة الالكترونية

-من الحكومة إلى الإفراد (مثلاً تجديد رخص السير أو طلبات التأشيرات)

-من الحكومة إلى الحكومة مثلاً أوامر الدفع من وزارة الصحة إلى وزارة المالية.

-من الحكومة إلى القطاع الخاص مثلاً تصاريح المؤسسات وتحصيل الزكاة والضرائب.

التقنيات التي تستخدم نظم المعلومات الإدارية

ويقصد بها النظم التي صممت لأداء وظيفة أو وظائف محددة وهي غالباً الأعمال الروتينية اليومية التي تقوم بها دائرة حكومية ما، مثل الاتصالات الإداريـة)صـادر -وارد(، إدارة الملفـات الطبيـة في المستشفيات، نظـم المحاسبة، نظم شؤون الموظفين، ...وغيرها، وقد ظهر خلال السنوات الأخيرة ما يعرف بالنظم المتكاملة، ويقصد بهـا النظم التي تتكون من عدة نظم فرعية تتكامل فيما بينها بحيـث تكـون في النهايـة نظامـاً شـاملاً لجميـع وظـائف الدائرة.

في الغالب لا تجد كثير من الدوائر نظم متكاملة تلبي احتياجاتها كما تريد، وبالتالي تلجأ إلى تصميم نظم خاصة بها قدر الإمكان، في هذه الحالة يجب على الدائرة مراعاة المعايير القياسية قدر الإمكان حتى تستطيع التكامل مع التقنيات الأخرى مثل الانترنت، وتجدر الإشارة هنا إلى أن تلك النظم سواء النظم الجاهزة أو المطورة محلياً يجب أن تكون سهلة الاستخدام ويكون انسياب العمل (workflow) سلساً ومنطقياً.

أ -تقنيات الأرشفة الالكترونية:

تستخدم الماسحات الضوئية)السكانرز (لتحويل الوثائق الورقية إلى شكل رقمي يمكن تخزينه وتبادله عبر الشبكات المحلية أو الانترنت، ويستخدم لهذا الغرض ماسحات سريعة جداً تعادل سرعة آلات تصوير المستندات تقريباً، وتكون مرتبطة عادة بنظام للأرشفة الالكترونية)مثل (Laserfiche, Arabdox, Projectwise يقوم بتخزين الوثائق وفهرستها بطريقة تمكن من استرجاعها عند الحاجة لها.

ويمكن حفظ الوثائق بعدة أشكال، من أهمها:

* HTML: صيغة النصوص المتشعبة (Hyper Text Markup Language)مثل صفحات الانترنت.

* RTF (Rich Text Format)* أو DOC ملفات الوورد :وهي صيغ النصوص المنسقة بجميع إمكانيات برامج معالجة النصوص مثل وورد.

* PDF: صيغة النصوص المتنقلة (Portable Document Format)وتكون على شكلين :نصوص يمكن البحث بها، وصور للوثائق عبر الماسح الضوئي)السكانر (لا يمكن البحث بها.

* TIF:وهي صيغة تستخدم لحفظ الصور بدون ضغط ويعيبها كبر حجم الملفات الناتجة عنها.

كل شكل من هذه الأشكال له مميزات وخصائص وبالمقابل بعض العيوب مقارنة بالإشكال الأخرى.

ب -التقنيات التي تستخدم على الانترنت:

-نظم إدارة المحتويات :Content Management Systems (CMS)

المقصود بنظم إدارة المحتويات :هـي بـرامـج تركـب في مواقـع الانترنت لتسـهل عمليـة إدارة المعلومـات)المحتويات(، وتستخدم تلك النظم قواعد بيانات لتخزين جميع المعلومـات، إضـافة إلى القوالـب الجاهزة وذلك لإنتاج صفحات ويب ديناميكية تكوّن في النهاية موقعاً متكاملاً، وعليه يمكن إضافة المحتويات إلى الموقع بسرعة وبواسطة أشخاص ليس لديهم خلفية عن تقنيات الويب، وتخرج تلك المحتويات في شكل متناسق واحترافي عنـدما تتصفح بواسطة برامج تصفح الانترنت.

والمقصود بالمحتويات :هـي جميع أشكال المعلومات التي يراد إتاحتها مثل :وثائق، نمـاذج، صـور، ملفـات صوتية، ملفات فيديو، أخبار، معلومات عامة، ...الخ.

مميزات نظم إدارة المحتويات

١-الميزة الأساسية في نظم إدارة المحتويات أنها تخزن جميع المحتويات)في شـكل نصـوص أو صـور أو مـواد سمعبصرية)في قاعدة بيانات وعندما تطلب الصفحة يقوم النظام بإنتاج صفحة حسب القالب المحـدد مسبقاً ثم يضع النص به ويتم ذلك بسرعة جداً)بعض النظم تضع نسخ مؤقتـة لـبعض الصـفحات التـي يكثر عليها الطلب في دليل مؤقت وتستدعيها عند الطلب وبـذلك يكـون الوصـول إليهـا أسـرع(، كمـا أن تصميم الموقع يمكن أن يعدل في لحظات وذلك عن طريق تغيير القوالب.

٢-تحتوي تلك النظم على واجهة استخدام تفاعلية سهلة، تمكن غير المتخصصين في تقنيـات الويـب مـن إدارة النظام وإضافة المحتويات.

٣-يمكن إدارة النظام عن طريق المتصفح وليس هناك حاجة لاستخدام برامج تطوير الويب (FrontPage)أو FTPأو أي برامج أخرى.

٤-بشكل عام توفر تلك النظم إمكانية الإدارة والتحكم في الموقع بشكل شمولي وسهل)التعديل في التصـميم، توزيع الصلاحيات وتنظيم العمل، إضافة محتويات.

أمثلة على برامج إدارة المحتويات:

-البوابات :Portals

هي مواقع تستخدم نظم أو عدة نظم لإدارة كمية كبيرة من المحتويات بحيث تصبح أشبه ما تكون ببوابة تخيلية لتلك الدائرة يستطيع المراجع الدخول عن طريقها إلى أغلب الخدمات التي تقدمها مباشرة من بيته أو مكتبه.

مثال:

*حكومة دبي الالكترونية.

*حكومة .Bloomington (Indiana)

-النماذج الالكترونية: e-Forms

هي نماذج الكترونية تفاعلية تتاح عبر الانترنت تتيح إدخال البيانات بشكل تفصيلي من قبل طرف)المواطن مثلاً (ومن ثم إرسالها للطرف الثاني)الوزارة مثلاً (لتدخل إلى نظام ما يقوم بمعالجتها الكترونياً، ويمكن تطبيق مفهوم النماذج الإلكترونية على العمليات النمطية بين الجهات الحكومية سواء كان ذلك على شكل نماذج مطبوعة بباركود يقرأ آلياً، أو ملفات إلكترونية ترسل بشكل آمن وتقرأ آلياً.

-نظام الدفع الالكتروني :e-payments

هناك طرق عديدة للدفع على الإنترنت مثل :بطاقات الائتمان، Pay Palوغيرها، وفي مجال الحكومة الالكترونية يمكن توظيف تلك الطرق وتطويرها للتوافق مع احتياجات القطاعات الحكومية، وقد قامت مؤسسة النقد العربي السعودي بتطوير نظام سداد للمدفوعات لخدمة التعاملات المالية للحكومة الالكترونية.

-محركات البحث :Search Engine

محركات البحث هي أدوات يمكن عن طريقها البحث في كامل الموقع واسترجاع المعلومات، وتعد محركات البحث من نماذج نظم الاسترجاع الحرة غير المقيدة والتي تعتمد على الكلمات المفتاحية للدلالة على موضوع البحث، ويمكن لمحركات البحث أن

تشمل جميع النصوص التي يحتويها الموقع، مما يوسع نطاق البحث ويزيد من كفاءة الاسترجاع.

وتختلف قدرات محركات البحث حيث تتدرج من البحث البسيط بالكلمات الدالة (المفتاحية) إلى البحث المتقدم بالروابط البوليانية والمقيدات وغيرها من الخصائص، وتجدر الإشارة هنا إلى أن أغلب المستفيدين غير معتادين على تلك التقنيات المتقدمة ولذلك لا يستخدمونها رغم أهميتها.

واجهات المستخدم التفاعلية وتصميم الموقع

يلعب تصميم الموقع وواجهة الاستخدام دوراً كبيراً في نجاح الموقع، حيث تساعد المستفيد في الوصول المباشر والسريع إلى المعلومات المطلوبة، ومن أهم العوامل المتعلقة بتصميم الموقع وواجهة الاستخدام:

- **المستفيدون**: وهم الهدف الأساسي لإنشاء الموقع لذلك يجب أن يتوافق التصميم مع طبيعة المستفيدين (الفئة العمرية، فئة محددة أو مفتوح للجميع، المعرفة بتقنيات الويب، الصلاحيات.

- **جودة وسهولة التصميم والاستخدام**: التصميم هو أول ما يواجه المستفيد ومنه يأخذ الانطباع الأول والذي عادة ما يؤثر وبشدة على تقبل الموقع بشكل عام، ويشمل ذلك استخدام الألوان والصور والمساحات والكتل وغيرها.

*مثال على جودة التصميم: وزارة البترول والثروة المعدنية:

http://www.dmmr.gov.sa/main.Aspx

*مثال على ضعف التصميم: المديرية العامة للجوازات:

http://www.gdp.gov.sa

وزارة العمل:

http://www.mol.gov.sa/mol_site/ministy/index.asp

الهيئة العربية السعودية للمواصفات والمقاييس:

http://www.saso.org.sa

*التنظيم: تنظيم المعلومات بشكل سهل من الأكبر إلى الأصغر وباستخدام القوائم مما يجعل الوصول مباشر وسريع للمعلومات.

*يوجد على موقع "يسر" بعض التوصيات بشان التصميم:

http://www.yesser.gov.sa/bestpractice.asp

تقنيات أخرى:

-التشفير:

(١التشفير المتماثل يكون هناك مفتاح تشفير واحد يستخدم لدى المرسل والمستقبل في نفس الوقت وهو غير أمن تماماً لأنه قد يقع في يد أحد آخر غير المرسل والمستقبل.

(٢التشفير غير المتماثل: ويعتمد على وجود مفتاحين أحدهما علني عام والآخر سري خاص يحتفظ الشخص دائماً بالمفتاح السري له وحده ولا يعطيه لأحد أبداً، أما المفتاح العلني فيعطيه لمن يريده أن يرسل له رسالة، المفتاح العلني له القدرة على التشفير فقط وليس له القدرة على فك الرسالة بعد إرسالها، وبذلك لا يستطيع فك الرسالة إلا المفتاح السري الخاص الذي لا يملكه إلا صاحبه فقط، وتمثيل المقصود: شخص يملك قفل ومفتاح ذلك القفل فيقوم بإرسال القفل فقط إلى شخص آخر ويحتفظ هو بالمفتاح، عند ذلك يقوم الشخص الآخر بوضع ما يريد إرساله إلى الشخص الأول صاحب القفل في صندوق ويقوم بوضع القفل عليه، في هذه الحالة المرسل يستطيع قفل القفل ولكن لا يستطيع فتحه بعد ذلك وعند وصول الصندوق إلى الشخص الأول يستخدم المفتاح الذي يملكه هو وحده لفتح الصندوق وإخراج ما به.

(٣ التوقيع الإلكتروني: وهو ليس توقيع بالمعنى المعروف بل عملية مصادقة من قبل شخص أو هيئة ما ويتم من خلالها التأكد من شيئين:

أ -ضمان أن الرسالة)وثيقة بيع أو شراء مثلاً (أرسلت من الشخص الحقيقي وليس شخص آخر غيره، وهذا يتم عبر التشفير غير المتماثل كما أسلفنا شرحه.

ب -ضمان أن الرسالة وصلت فعلاً بنفس الشكل الذي أرسله بها المرسل وصادق عليه، ويتم ذلك بواسطة عملية رياضية)لوغاريتم (تتم على الرسالة قبل الإرسال لتحديد جميع خواصها وتشمل كل صغيرة وكبيرة في الرسالة بحيث لو تغير أي شيء في الرسالة تتغير نتيجة العملية، هذه النتيجة تسمى الرسالة المركزة أو التوقيع الإلكتروني، ويرفق هذا التوقيع مع الرسالة عند إرسالها، وعند وصول الرسالة إلى الطرف الآخر يتم التحقق من سلامة محتوى الرسالة وخلوه من التزوير بنفس العملية الرياضية وعند تطابق النتيجة مع البيانات المخزنة في التوقيع يعرف أن الرسالة وصلت بنفس الشكل الذي أرسلت به دون تغيير.

التوقيع الالكتروني :

يعتبر التوقيع شرط جوهري للمحرر المعرفي، لأنه هو الذي ينسب الكتابة إلى صاحب التوقيع وبعبارة أخرى التوقيع على المحرر يعني قبول الموقع لما هو مدون فيه، ونظراً لأهمية التوقيع بالنسبة للمحرر العرفي فإن بعض الفقه يجعل التوقيع هو الشرط الوحيد للورقة العرفية، كما قضت محكمة النقض المصرية بذلك حيث قالت :إن الورقة العرفية تستمد حجيتها في الإثبات من التوقيع وحده، فإن خلت من توقيع أحد العاقدين فلا تكون لها حجية قبله، بل إنها لا تصلح مجرد مبدأ ثبوت بالكتابة هذه إلا إذا كانت مكتوبة، وإذا كان شرط التوقيع هو أهم شرط لصحة المحرر العرفي، فإن القانون الفرنسي، وبعض القوانين الأخرى كالقانون اللبناني، تستلزم كذلك أن تتعدد نسخ المحرر في حالة ما إذا كان مثبتاً لعقد تبادلي ملزم للجانبين.()

ولا يشترط التوقيع إلا أن يكون دالاً على صاحبه، فذلك وحده الذي يسمح بنقل المحرر الموقع وحده إلى مرحلة الإنجاز، وبعبارة أخرى فإن المحرر الموقع وحده هو الذي يعد أصلاً في نظر القانون، ولا يوجد في الواقع تعريفاً قانونياً جامعاً شاملاً للتوقيع

بوجه عام على الرغم من أنه أي التوقيع يعد حجر الزاوية في نظام الإثبات. الأمر الذي يتطلب منا إيضاح المقصود بالتوقيع.[]

تعريف التوقيع وعناصره

نظراً لعدم تعريف المشرع للتوقيع بشكل واضح فلقد حاول الفقه والقضاء ذكر عناصره وإن كان بصورة غير مباشرة دون وضع تصور عام للتوقيع وبادئ ذي بدء فإنه وفقاً لقاموس روبير "Robert"الفرنسي يمكن تعريف التوقيع بأنه "علاقة شخصية يضعها الموقع باسمه (بشكل خاص وثابت)ليؤكد صحة مضمون الورقة وصدق ما كتب لها وإقراره بتحمل المسئولية عنه."[]

كما يعرف الأستاذ "Christophe Devys"التوقيع بأنه "كل علاقة توضع على سند تميز هوية وشخصية الموقع وتكشف عن إرادته بقبول إلتزامه بمضمون هذا المستند وإقراره له."[]

ومن ناحية أخرى ذهب الأستاذ Herve Croze إلى أن إصطلاح التوقيع يستعمل بمعنيين :الأول :أنه عبارة عن علاقة أو إشارة تسمح بتمييز شخص الموقع (Signature ede la personne)والثاني :هو فعل أو عملية التوقيع ذاتها، بمعنى وضع التوقيع على مستند يحتوي معلومات معينة (Signature d'un document)ويقال في المفهوم التقليدي أن التوقيع هو الكتابة المخطوطة والمستند الموقع هو المحرر، ويعد المعنى الأول هو المعنى المقصود بالتوقيع في نطاق الإثبات وعلى ذلك فإن التوقيع ينصرف إلى العلامة الخطية الخاصة والمميزة، التي يضعها صاحبها (الموقع)بأي وسيلة على مستند لإقراره.[]

ومن هذا التعريف يمكن استخلاص عناصر التوقيع الجوهرية وهي :[]

أولاً :التوقيع علاقة خطية وشخصية -:

فيشترط أن يكون التوقيع أولاً بيد من ينسب إليه المحرر، فلا يجوز أن يكون بخط سواه ولو كان موكلاً عنه، لأنه الوكيل يكون له أن يوقع باسمه هو بصفته وكيلاً لا باسم

الموكل، فالتوقيع أو الإمضاء هو حسب تعبير محكمة النقض المصرية "الكتابة المخطوطة بيد من تصدر عنه ."

كما يشترط ثانياً أن يكون التوقيع محدداً لشخص الموقع فالتوقيع علامة شخصية يمكن من خلالها تمييز هوية الموقع، وهو كما يقول الأستاذ Savatiers ترجمة لكلمة أو لفظ تميز شفاهة شخصية الموقع ولهذا يتجه فريق من الفقهاء إلى أن التوقيع يلزم أن يكون بالاسم واللقب كاملين بحيث لا يكفي التوقيع المختصر أو بالأحرف الاولى من الاسم واللقب، فالعلاقة الرمزية أو الأحرف الأولى لا تؤكد بدرجة كافية إقرار الموقع للورقة وإلتزامه بمضمونها، وإذا كان هناك اتجاه آخر إلى أنه لا يلزم أن يكون التوقيع بالاسم الكامل، وإنما يكفي التوقيع المختصر- ما دام قد ثبت أن هذا هو توقيع الموقع ولا يلزم أن يكون التوقيع بالاسم المقيد في شهادة الميلاد، بل يكفي أن يكون باسم الشهرة، أو الاسم الذي اعتاد الشخص التوقيع به، والمهم أن يكون التوقيع أو التواقيع التي يشتمل عليها المحرر يمكن معها الجزم بأنه صادر حقيقة عن منشئة أو عن منشئته وكذلك لا يلزم أن يكون التوقيع الخطي مباشرة، وإنما يجوز أن يكون باستخدام الكربون للتوقيع في نفس الوقت على عدة نسخ من المحرر فيعتبر كل منها أصلاً لا مجرد صورة من المحرر، فقد قضت محكمة النقض المصرية بأن "المحرر الموقع عليه بإمضاء بالكربون في حقيقته محرراً قائماً بذاته له حجيته في الإثبات، وفقاً لنص المادة ١٤من قانون الإثبات .

وبالرجوع إلى أحكام القضاء الفرنسي نجده يقبل بالتوقيع باسم مستعار (pseudonyme)أو بلقب ديني (nom dereligion).أو بالاسم الأول دون اللقب العائلي (nom dusage ou prenom)أو بالأحرف الأولى من الاسم (initiales)كذلك الحال بشأن استخدام علامة غير مقروءة ما دامت تقطع بنسبتها إلى شخص معين (d' une si gne illisible suffisamment Reno sonnalise) .

وهذا وكما يكون التوقيع بإمضاء الشخص نفسه يكون كذلك بالختم أو ببصمة الإصبع، فقد أجاز المشرع المصري والكويتي أن يكون التوقيع وفضلاً عن الأصل وهو الإمضاء -بالختم البصمة، فقد نصت المادة ١٤/١/من قانون الإثبات المصري على أنه "يعتبر المحرر العرفي صادراً عمن وقعه ما لم يذكر صراحة ما هو منسوب إليه من خط وإمضاء أو ختم أو بصمة ."

أما المشرع الفرنسي فقد أعترف فقط بتوقيع الخاتم المعروف بـ Griffe وهو وسيلة ميكانيكية غير الكتابة يتم التعامل بها في حال التوقيع على الأوراق التجارية .

ثانياً :أن يترك التوقيع أثراً متميزاً يبقى ولا يزول-:

صور التوقيع الإلكتروني

١-التوقيع باستخدام القلم الإلكتروني -:

ومعناه نقل التوقيع الإلكتروني المكتوب بخط اليد على المحرر إلى الملف المراد نقل هذا المحرر إليه باستخدام جهاز اسكانر وعليه ينقل المحرر موقعاً عليه من صاحبه إلى شخص آخر باستخدام شبكة الإنترنت، إلا أن هذه الطريقة تواجه الكثير من المعوقات تتمثل في عدم الثقة حيث يمكن للمستقبل أن يحتفظ بهذا التوقيع الموجود على المحرر –الذي استقبله عن طريق شبكة الإنترنت عبر جهاز الاسكانر –ووضعه على مستند لديه دون وجود أي طريقة يمكن من خلالها التأكد من أن صاحب هذا التوقيع هو الذي وضعه على هذا المستند وقام بإرساله إلى هذا الشخص وعليه فإن تلك الطريقة مأخوذ ضدها انعدام الثقة وهو ما يضعف الثقة في المحرر لأن الموقع عليها إلكترونياً وبالتالي يقلل من حجية التوقيع الإلكتروني.()

كما أنه يعاب على هذا الأسلوب من التوقيع الإلكتروني أنه يحتاج إلى جهاز حاسب آلي ذو مواصفات خاصة تمكنه من أداء مهمته من التقاط التوقيع من شاشته والتحقق من مطابقة التوقيع المحفوظ بذاكرته، كما أنه يحتاج إلى جهة توثيق إضافية، ويرى البعض الآخر أن استعمال هذه الصورة للتوقيع في الشكل الإلكتروني يتسبب في العديد من المشكلات التي لم تجد طريقها إلى الحل حتى الآن وهي مسألة إثبات الصلة بين التوقيع ورسالة البيانات والمحرر فليست هناك تقنية تتيح الاستيثاق من قيام هذه الرابطة، أو بإمكان المرسل إليه الاحتفاظ بنسخة من صورة التوقيع التي وصلت على أحد المحررات ثم يعيد وضعها هو صاحب التوقيع الفعلي، وهو ما يخل بشروط الاعتراف بالحجية للتوقيع في الشكل الإلكتروني، إذ أن متانة واستمرارية الصلة بين التوقيع ورسالة البيانات تمثل جوهر هذه الشروط.()

٦٣

٢-التوقيع باستخدام الخواص الذاتية التوقيع البيومتري

وهذا النوع من التوقيع يعتمد على الخواص الكيميائية والطبيعية للأفراد وتشمل تلك الطرق ما يلي :()

-البصمة الشخصيةEMPRINTE DIGITAL, FINGER PRINTING :

-مسح العين البشرية IRIS DE LOEIL. IRIS, RETINA. SCANNING

-التحقق من مستوى ونبرة الصوت VOICE RECO BNITION

-خواص اليد البشرية HAND GESMETRY

-التعرف على الوجه البشري FACIAL RECO GONITION

-التوقيع الشخصي HAND WRITTEN SIGNATVRES

وهو ما يعني أنه يتم تعيين الخواص الذاتية للعين مثلاً عن طريق أخذ صورة دقيقة لها وتخزينها في الحاسب الآلي لمنع أي استخدام من أي شخص آخر بخلاف الشخص المخزنة الخواص الذاتية لعينه .

وهكذا الحال بالنسبة لبصمة الأصابع أو خواص اليد البشرية أو نبرة الصوت أو التوقيع الشخصي ففي كل حالة يتم أخذ صورة دقيقة ومحددة وتخزينها في الحاسب الآلي بحيث لا يجوز لأي شخص عادي بالدخول لهذا الحاسب واستخدام ما به من معلومات وبيانات وخلافه إلا لهؤلاء الذين تم التحققق من مطابقتهم لما تم تخزينه على الحاسب الآلي سواء من بصمة الأصابع أو خواص اليد البشرية أو نبرة الصوت أو التوقيع الشخصي- أو خواص العين أما إذا ثبت أنه يوجد أي اختلاف مهما كان بسيطاً فلا يتم السماح لهم بالدخول على هذا الحاسب وتلك الطريقة تعد من أهم الطرق التي تحقق الأمان للحاسبات لأنها لا تسمح بالدخول لمن هم غير مسموح لهم بالدخول .

ويلاحظ أن لهذا الأسلوب من التوقيع بعض المثالب والعيوب منها على سبيل المثال أن تكلفته عالية نسبياً بحيث يحد من ذلك من التوسع في استخدام هذا الأسلوب، كما يرى

البعض أن هذه الصورة من التوقيع من الممكن أن تزور عن طريق ارتداء عدسات لاصقة يتم تصميمها بالكمبيوتر بحيث تطابق رسمة قزحية العين للشخص المراد انتحال شخصيته كذلك فإن بصمة الصوت من الممكن تسجيلها ثم إعادة التسجيل بعد ذلك والدخول إلى النظام، وكذلك بصمة الإصبع من الممكن وضع مادة بلاستيكية أو مطاطة مطابقة تماماً لبصمة أصابع الشخص صاحب التوقيع، ويرى البعض أن طرق التوثيق البيوميتر يمكن مهاجمتها أو نسخها من قراصنة الحاسب الآلي عن طريق فك الشفرة الخاصة بها وكذلك فإنها تفتقر إلى السرية والأمن حيث تعمل الشركات المنتجة للطرق البيومترية على توحيد نظم عملها، هذا بالإضافة إلى أنها لا تقدم نتائج كاملة الصحة.()

٣-التوقيع الكودي باستخدام بطاقة ممغنطة والرقم السري

هذه الصورة من أكثر الصور شيوعاً في حياتنا العملية حيث تقوم البنوك بإصدار بطاقات ائتمان وهنا يتمثل التوقيع الإلكتروني في إدخال البطاقة داخل الجهاز الآلي الخاص بالبنك بالإضافة إلى إدخال الرقم السري عن طريق الضغط على الأزرة الخاصة بجهاز السحب الآلي.()

٤-التوقيع الرقمي

وهو الصورة من صور التوقيع الإلكتروني وهي أهم صور التوقيع الإلكتروني وهي التي أقرها قانون التوقيع الإلكتروني استناداً لما ورد من اللائحة التنفيذية الخاصة به من نصوص ومصطلحات خاصة بالتوقيع الرقمي تتمثل في المفتاح العام والمفتاح الخاص .()

حيث يستطيع كل متعاقد أن يستعلم عن التوقيع الإلكتروني للطرف المتعاقد معه، وكذلك عن بعض البيانات الأخرى التي يريد معرفتها عن المتعاقد معه .ويتم الاحتفاظ برسائل البيانات لدى مقدمي خدمة التوقيق (PSC)وذلك لفترة من الزمن، وذلك حتى يمكن الرجوع إليها إذا لزم الأمر .

دور التوقيع في الإثبات

يذهب الأستاذ شيفالية "I. Chevallieir"إلى أن التوقيع إشارة تميز هوية شخص الموقع، وإنما أيضاً تعبير عن إرادة الموقع لمشاركته في المحرر المثبت للتصرف، وإقراره لمحتوى المحرر، وموافقته عليه، ومعنى ذلك أن التوقيع عنصر ضروري لا غنى عنه لبيان الحجية القانونية للورقة المكتوبة ومنحها قوة في الإثبات، فالتوقيع يجعل الورقة الموقعة منسوبة إلى شخص الموقع، وهو دليل واضح عن تعبير صاحبه عن إرادته في إلتزامه بمضمون هذه الورقة بما ورد فيها من بيانات، ولذلك يعد التوقيع ظاهرة اجتماعية يحميها القانون.()

ولذلك نجد أن القانون يتطلب التوقيع كضرورة لحجية الدليل الكتابي المعد للإثبات رسمياً كان أم عرفياً، وفي هذه الأخيرة يكاد يكون التوقيع هو الشرط الوحيد لصحة الورقة العرفية .فإذا كان العقد العرفي عقداً تبادلياً كالإيجار أو الشركة وجب أن يوقعه الطرفان، وإذا كان فردياً كإقرار مدين، يكتفى بتوقيع الطرف الملتزم، أي المقر، ولا يستثنى من ضرورة التوقيع لمنح قيمة ثبوتية للمحرر العرفي إلا حالات نادرة.()

وطالما أن التوقيع بهذا الشكل يعد ظاهرة اجتماعية يحميها القانون كما ذكرنا سابقاً، فإنه يبقى التساؤل عن شكل التوقيع وهل يتعين أن نربط التوقيع ليؤدي هذا الدور الاجتماعي المهم "بشكل "محدد؟ إذا كان المشرع في فرنسا أو في مصر أو في الكويت قد أجاز أن يكون التوقيع من حيث الشكل يمكن أن يكون مكتوباً أو بالختم أو ببصمة الإصبع هل يمكن أن يكون للتوقيع شكل آخر طالما أنه يؤدي ذات الدور وربما قد يكون بطريقة أفضل؟ الجواب على هذا التساؤل يكون نعم؛ حيث نجد أن الواقع العملي قد أفرز أنواعاً جديدة من الوسائل الإلكترونية والتي تحل محل التوقيع بمعناه التقليدي، فقد أدى التطور المذهل في عالم الاتصال والمعلوماتية، أن معظم الشركات والمؤسسات قد استعانت بالأرقام الإلكترونية في معالجة المعلومات وتبادلها، باستخدامها وسائل الاتصال الحالية لتبادل المعلومات أو البيانات أو المعطيات الأمر الذي قد منح الاتصال اليسر والسهولة وسوف يتطور أكثر وأكثر حتى يصبح بحق الطريق السريع للمعلومات إزاء هذه التطورات السريعة والهائلة ظهر التوقيع الإلكتروني وهو يعد أحد الصور الحديثة التي أفرزتها هذه التطورات المعلوماتية الهائلة

تحقيق أهداف الإدارة الإلكترونية

إذا كان تحقيق عوامل النجاح لأي منشأة يتم في بداية المشروع، فإن الأهـداف هـي الثمـرة التـي يجنيهـا المسؤولون في المنشأة في نهاية المشروع، ويمكن تلخيصها فيما يلي :

١-تقديم الخدمات لدى المستفيدين بصورة مرضية وفي خلال ٢٤ساعة في اليوم، وطيلة أيام الأسبوع بما في ذلك الإجازة الأسبوعية .

٢-صغر المكان المجهز لحفظ المعلومات الإلكترونية .

٣-تحقيق السرعة المطلوبة لإنجاز إجراءات العمل وبتكلفة مالية مناسبة .

٤-إيجاد مجتمع قادر على التعامل مع معطيات العصر التقني .

٥-تعميق مفهوم الشفافية والبعد عن المحسوبية .

٦-الحفاظ على حقوق الموظفين من حيث الإبداع والابتكار .

٧-زيادة حجم الاستثمارات التجارية .

٨-الحفاظ على سرية المعلومات، وتقليل مخاطر فقدها .

تجاوز معوقات الإدارة الإلكترونية

من المسلمات أن أي مشروع يقام يصاحبه بعض المعوقات، فتارة تكون في سـوء التخطيط أو في عشوائية التنفيذ، ومن تلك المعوقات التي قد تصاحب الإدارة الإلكترونية ما يلي :

١- الرؤية الضبابية للإدارة الإلكترونية وعدم استيعاب أهدافها .

٢- عدم وجود أنظمة وتشريعات أمنية أو التساهل في تطبيقها .

٣- قلة الموارد المالية وصعوبة توفير السيولة النقدية .

٤- التمسك بالمركزية وعدم الرضى بالتغيير الإداري .

٥- النظرة السلبية لمفهوم الإدارة الإلكترونية من حيث تقليصها للعنصر البشري .

٦- وجود الفجوة الرقمية بين أناس متخصصين في مجال التقنية وآخرين لا يفقهون شيئاً من أبجدياتها .

أمن المعلومات

أمن المعلومات هو تأمين الحماية من المخاطر التي تهددهم المعلومات والأجهزة، وتشريع الأنظمة وسن القوانين لسلامة وصول المعلومات للمستفيدين.

ومن المعروف أن أي جهاز حاسب آلي يتم توصيله بشبكة الإنترنت يمكن اختراقه خلال ثلاثة أيام إذا كان خالياً من برامج الحماية، ونظراً لعدم وجود نظام معلوماتي كامل وخالٍ من الاختراقات، ولكن هناك مجموعة من الإجراءات التي ينبغي أن تتوفر لحفظ المعلومات مثل :

١- التحديث المستمر لأنظمة التشغيل للحاسبات الآلية .

٢- التحديث المستمر للبرامج المضادة للفيروسات .

٣- تركيب جدار ناري بين المستفيدين ومصادر المعلومات .

٤- عمل نسخ احتياطية للمعلومات الهامة وحفظها في أماكن آمنة .

٥- ينبغي أن تتكون كلمة المرور أو كلمة السر من ست خانات على الأقل، وأن تكون مزيجاً من الأحرف والأرقام، ويفضل عدم التكرار .

٦- استخدام البطاقة الذكية الممغنطة أو البصمات .

٧- سن التشريعات والقوانين التي تحفظ حقوق الناس، وتنفيذها وعدم التساهل بها .

هذه مجموعة من الإجراءات يجب إتباعها للحفاظ على سرية المعلومات، وينبغي تعريف ما يسمى بالأبواب الخلفية، وهي مجموعة من البرامج يقوم المبرمج المحترف بوضعها في البرنامج لسهولة اختراقه، كما جرى لبعض برامج الشركة العالمية مايكروسوفت، فبعض الاختراقات التي أعلنت عنها الشركة تكون بسبب الأبواب الخلفية التي وضعها المبرمجون التابعون لها.

المبحث الثالث: معوقات التحول للحكومة الإلكترونية:

تواجه الحكومات الإلكترونية الراغبة بالتحول إلى الحكومة الإلكترونية مجموعة مـن الفـرص والتحـديات التي تتطلب قدراً عالياً من الدراسة والتمحيص، نظراً للتأثيرات السلبية والإيجابية التي قد تتركها على عملية تنفيذ الحكومة الإلكترونية لبرامجها الطموحة المكرسة لخدمة المواطنين .

لذا يجب على المسئولين عن تنفيذ هذا المشروع الوطني تحديد هذه التحديات والعقبات التـي تقـف في طريق تنفيذ برنامج الحكومة الإلكترونية، وتقديم الحلول التي تؤمن انسيابية تنفيذ برنامج الحكومـة الإلكترونيـة، ويرى الباحث أن يستعرض التحديات المتوقعة أمام التحول للحكومة الإلكترونية مع بعض الحلول المقترحة لمواجهة هذه التحديات مما يلي :

١ **التحقق من الهوية عبر الشبكات** :يمثل غياب إطار عمل قانوني بالتحقق من الهوية عن بعد عقبـة تقـف في طريق إتمام المعاملات عبر الشبكات .⁽⁾

ولمواجهة ما سبق يقترح الباحث ما يلي :

*تشريع قانون التوقيع الإلكتروني لحماية التعاملات الإلكترونية .

السداد الإلكتروني :حيث يعتمد نظام السداد الإلكتروني في الدول المتقدمة بصفة أساسية على بطاقات الائتمان، إلا أنها لا تتناسب مع فكر الدول النامية الآن؛ حيث ينتشر استخدام بطاقات الائتمان في نطاق ضيق للغايـة، وحـي لا تزال المخاوف من استخدام بطاقات الائتمان في السداد عبر الشبكات قائمة .⁽⁾

ولمواجهة ما سبق يقترح الباحث ما يلي :

* تصميم إطار عمل بسيط ومتنوع الخيارات يسمح بتعدد أساليب الدفع بما يتفق مع أسلوب حياة المواطنين ويلبي احتياجاتهم ومتطلباتهم؛ وتتنوع أساليب السداد الإلكتروني أمام المواطنين لتشمل :بطاقات الائتمان، وبطاقات ذات شرائح قيمة محددة مدفوعة مقدماً، وتحويل الشبكات .

ميكنة نظم العمل : هناك العديد من التحديات التي تواجه عملية ميكنة نظم العمل في المكاتب الحكومية ومنها :

١) انعدام المعايير والمواصفات الخاصة بعملية ميكنة نظم العمل مما يؤدي إلى عرقلة عملية الاتصال والتكامل بين شتى الجهات الحكومية .

٢) مقاومة استخدام النظم الآلية في العمل بشكل رئيسي بسبب عدة أسباب حضارية وثقافية، وبسبب الشك في كفاءة هذه النظم وإجراءات تأمين الأمان والسرية .

ولمواجهة ما سبق يقترح الباحث ما يلي :

*العمل على تقديم برامج التوعية لموظفي الحكومة لتعريفهم بماهية تكنولوجيا الحكومة الإلكترونية .

سير وتدفق العمل : تحتاج الممارسات الحالية وأسلوب سير العمل إلى إعادة هندستها لضمان كفاءة الأداء وجودة ما تقدمه الحكومة من خدمات ولتلبية المتطلبات الجديدة التي يفرضها أسلوب العمل بالإدارة الحديثة ونموذج الحكومة الإلكترونية الجديدة، إلا أن هناك عدة مشاكل تقف في طريق تحقيق هذا ومنها :()

١) مقاومة أية تعديلات أو تغييرات في أسلوب سير العمل، إما بسبب الصلابة وعدم المرونة أو الخوف من التغيير خشية أن تخرق اللوائح كما يعتقد البعض خطأً .

٢) تعدد جهات المراقبة والمراجعة مما يتسبب في بطء وروتينية سير العمل .

٣) تداخل السلطات بين الهيئات الحكومية .

ولمواجهة ما سبق يقترح الباحث الحلول التالية :

*دراسة أساليب سير العمل ودورات المشروعات والقوانين والتنظيمات التي تحكمها حتى تكتمل الصورة الكلية، ويتم الاستعداد بالإجابات والحجج التي تبرر إعادة هندسة العمل المخطط لها .

الشبكات :لا توجد شبكة اتصالات بين الهيئات والجهات الحكومية بعضها البعض تمكنهم من التفاعل فيما بينهم وتسمح بتبادل المعلومات والوثائق .()

ولمواجهة ما سبق يقترح الباحث الحلول التالية :

*بناء شبكة اتصالات حكومية قوية تصل بين جميع الجهات والهيئات والإدارات الحكومية من خلال شبكة داخلية، وسوف تسمح هذه الشبكة بتدفق المعلومات والوثائق بشكل يتسم بالكفاءة والسرعة والدقة والأمان، مما سيؤدي بالضرورة إلى تحسين الاتصالات الحكومية والتفاعل بين الجهات المختلفة .

الخدمات :أخفقت الأساليب التقليدية المتبعة حالياً في توصيل الخدمات الحكومية للمواطنين في تلبية حاجاتهم بالشكل الأمثل وتحقيق توقعاتهم وذلك من الجوانب التالية :()

جودة الخدمة المقدمة البطء وسوء التوقيت -البيروقراطية -الإجراءات المعقدة .

التداخل بين الجهات الحكومية المقدمة للخدمات .

ولمواجهة ما سبق يقترح الباحث الحلول التالية :

*إيجاد منفذ أو بوابة حكومية متكاملة تدعمها عدة تطبيقات خلفية تتكامل فيما بينها وتتحد في شكل واجهة تطبيق تهتم بالمواطن؛ يتمكن من خلالها من الحصول على جميع الخدمات الحكومية التي تحتاج إليها من جهة ومكان واحد، مما يحقق للمواطن الشعور بالرضا عن الخدمة ووفاتها بمتطلباته وملائمتها له .

١٠ **الوصول إلى الخدمة** :هناك عدة تحديات هامة تقف في طريق استفادة الغالبية العظمى من المواطنين من الاستفادة من النموذج الإلكتروني الجديد للحكومة بسبب الاتصالات منها :()

١١ الانتشار المحدود للحواسيب الشخصية .

١٢ الانتشار المحدود للإنترنت .

١٣ الأمية في مجال استخدام الحاسوب .

ولمواجهة ما سبق يقترح الباحث الحلول التالية :

البدء في تنفيذ برامج وطنية تساهم في توسيع دائرة مستخدمي الحواسيب الشخصية والإنترنت .

تأسيس مراكز لتقديم الخدمة :وهي نقاط اتصال بالشبكة مما يمكن المواطنين الحصول على الخدمات الحكومية عبر الشبكة من خلال مكاتب البريد، والأكشاك، ونوادي التكنولوجيا، والمراكز الاجتماعية .

وفي النهاية يمكن عرض تصور لأهم معوقات التحول للحكومة الإلكترونية

يوضح المعقوات التي تواجه الحكومة الإلكترونية

وفي النهاية فإن العناصر الحاسمة لضمان بناء حكومة إلكترونية حقيقية وفاعلة يتطلب وضع خطة تنطوي على عناصر النجاح، وذلك بأن تكون الرؤية واضحة، وأن تحدد الأهداف على نحو قابل للتطبيق، وأن تخضع كافة المراحل للإشراف القيادي والمتابعة وأن تحفز الخطة فرص المشاركة والاستثمار .وأن تعامل كافة المراحل بالواقعية والشفافية، وأن تعتمد استراتيجية المراجعة لما أنجز وما تبقى دون إنجاز و استراتيجية التحليل اللاحق حتى نضمن توفر عنصر التطور المطلوب في مثل هذا المشروع .

أبعاد الحكومة الإلكترونية :

فيما يلي حصر لجميع الأبعاد المرتبطة بالحكومة الإلكترونية، ومعظم العناصر التالية يمكن تصنيفها كمميزات أو عيوب من وجهة نظر الحكومة أو المواطنين وذلك لاختلاف رغبات كل منهما كما يلي :

١ **التوظيف العمل** :فالحكومة الإلكترونية هي طريقة لتقليل عدد الوظائف لأن معظم الوظائف سيتولى القيام بها البرامج الأتوماتيكية، ومن ناحية أخرى تتطلب الحكومة الإلكترونية أشخاص مؤهلين أكثر، ولذلك فإن الحكومة الإلكترونية تؤدي إلى بطالة الموظفين الغير مهرة بينما تخلق وظائف للأشخاص المهرة .

٢ **السرية** :السرية لها علاقة قوية بالتركيب الأخلاقي للسكان، والتطبيق الناجح للحكومة الإلكترونية ينبغي أن يحافظ على سرية أفراد المجتمع، وموضوع السرية يتعلق بالخلفية الثقافية الخاصة بالمجتمع، وينبغي أن نكون على دراية بنهايتين لهذا البعد، فمن ناحية لدينا الشفافية ومن ناحية أخرى لدينا السرية، وكلما زادت السرية قلت الشفافية وكلما زادت الشفافية قلت السرية .

٣ **الاعتمادية** :إن التطبيقات الإلكترونية يمكن اعتبارها أنظمة أكثر اعتمادية وفعالية من العمالة البشرية، وبالرغم من وجود عمالة بشرية في النموذج الإلكتروني للحكومة الإلكترونية، إلا أن العنصر البشري هنا ماهر نسبياً واكتشاف الأخطاء أسهل .فالأنظمة الإلكترونية تقلل من العنصر البشري وتزيد من عنصر ـ الاعتماد على الميكنة، ففي التطبيقات الإلكترونية فإن الوصول لمرحلة الإتقان يكون أسهل، فجمع البيانات الإحصائية والتقارير أسهل من اعتماد التوثيق الورقي .

٤ **ميكنة النظام** :تصبح ميكنة النظام في ظل الحكومة الإلكترونية ممكنة، فعلى سبيل المثال يوجد موظفين للتعامل مع المستندات ومعالجة البيانات الإحصائية أوتوماتيكياً، إن أحد نتائج الحكومة الإلكترونية هو تحقيق التفاعل بينها وبين المواطنين .ولكن لأن أجهزة

الحاسوب ينقصها اللغة الطبيعية، فإن ميكنة العمليات الحكومية التقليدية ربما تمثل مصدر تعذيب بالنسبة للأميين في استخدام الحاسوب أو كبار السن .()

٥ **الأمن** :يعتبر الأمن من أكبر مزايا الحكومة الإلكترونية، وعلى الرغم من العمليات الآمنة والمتاحة عبر الإنترنت مثل المصارف القائمة على استخدام الإنترنت، إلا أن الأفراد لا يشعرون بالأمن عند استخدام الإنترنت، فتحقيق نسبة ١٠٠٪أمن على الإنترنت غير ممكن عملياً، وللوصول إلى الأمن المطلق على الإنترنت يجعل الأشياء أكثر صعوبة كما أن قلة الأمن تجعل النظام سهل الاختراق، ولذلك يعتقد أن إجراء دراسة درجة تحمل واحتياج المجتمع لمستوى الأمن في عمليات الإنترنت يجب أن تسبق تطبيق الحكومة الإلكترونية .

٦ **الحتمية التكنولوجية** :على الرغم من أن تناقص أعداد الأفراد الذين يوظفون في نظام الحكومة الإلكترونية، إلا أن قليل من الأفراد سيكونوا على دراية بتصميم هذا النظام، وهذا يعتبر أحد أسباب عزلة هذا النظام، ومن ناحية أخرى سوف ينمو جيل يحتاج إلى العلاقات الاجتماعية وغارق في استخدام تطبيقات التكنولوجيا، كذلك فإن استبدال هذا النظام بأخر أكثر تعقيداً يجعل هذا النظام أقل فهماً وأقل قابلية للنقاش، وهذا هو الذي يشغل الحتمية التكنولوجية ومدخل الأنظمة، وبالطبع فإن هذه المشكلة ليست بلا حل ولكن التصميم الاجتماعي للنظام أكثر تعقيداً من تصميم النظام ذاته .

٧ **التكلفة** :ما هي تكلفة الحكومة الإلكترونية؟ وما هي تكلفة الأنظمة التقليدية؟ وما هي تكاليف العمليات؟ وما هي التكلفة المبدئية؟ كل هذه التكاليف يجب أخذها في الاعتبار عند العمل مع الحكومة الإلكترونية .

٨ **الآثار النفسية** :بالإضافة إلى الأبعاد الأخرى، فإن الحكومة الإلكترونية تجعل من الحاسوب شيء ضروري في حياتنا اليومية، وهذه الحقيقة تجعل من تفاعل الحاسوب مع

الإنسان أكثر أهمية، ويعتقد أن الكثير من المخاطر النفسية الخاصة باستخدام الحاسوب سوف تتكاثر مع البدء في تطبيق الحكومة الإلكترونية (.

٩   **التوقع الرقمي** :بمعنى هل ما زال يوجد هناك حتمية لاستخدام الورق والأحبار؟ ومتى يمكن اعتماد التوقيـع الرقمي قانونياً .

١٠   **التطوير** :لأن التكنولوجيا تتميز بالتطوير المستمر، لـذلك مـن الضروري أن يـتم تطوير تطبيقـات الحكومـة الإلكترونية بصورة مستمرة مما يؤدي إلى سوق جديدة لمطوري البرامج (.

١١   **خطط الكوارث** :لا توجد حكومة تريد أن تفقد كل ما لديها من معلومات حكوميـة في كارثـة واحـدة، لـذلك فمن الضروري عمل خطة كوارث، فعلى سبيل المثال يمكن اعتماد خطة لنسخ المعلومات الإلكترونية احتياطياً .

١٢   **التضارب وعدم الاتساق** :يوجد العديد مـن المنظمـات الحكوميـة وكـل منظمـة ربمـا تطبـق نظام إلكتروني مختلف، وهذا قد يؤدي إلى نوع من عدم الاتساق، على سبيل المثال يوجد في الجماهيرية العديد مـن الأمانـات العامة، وكل من هذه الكيانات الإدارية ربما يستخدم أنواع تطبيقات مختلفة من خلال الحكومة الإلكترونية والتي قد تكون غير متسقة، ولحل هذه المشكلة، يوجد في مجال علوم الحاسوب جيل جديد مـن اللغـات لجعـل هـذه البيانات متسقة مثل لغة الـ XMLوالتي تخلق طريقة مرنة تتفاعل من خلالها البيانات .

١٣   **التكنولوجيا الملائمة** :التكنولوجيا المستخدمة في الحكومـة الإلكترونيـة ليسـت نتاج وطني، لأن الحكومـة الإلكترونية هي نظام إلكتروني كبير، فإن كـل مـن البرامج والأجهـزة تسـتورد مـن دول أجنبيـة ذات الفلسـفات الأجنبية (.

١٤   **الاحتكار** :حيث إن الحكومة الإلكترونية تفرض عـلى عملائهـا اسـتخدام نفـس البرامج ونفـس الأجهـزة التـي تستخدم في محيطها وبذلك فهي تمارس نوع من الاحتكار .على سبيل المثال استخدام برامج ميكروسوفت يحتكـر السوق المحلية ويلقى دعماً غير مباشر من

الحكومة باستخدامها هذه البرامج على الرغم من أنها ليست البرامج الوحيدة المستخدمة في الدول المتقدمة؛ حيث يوجد لها بدائل تشجعها حكومات تلك الدول .

١٥ **التعليم** :التعليم له وجهان، تعليم الموظفين وتعليم المواطنين، على سبيل المثال تعليم الافراد الأميين في استخدام الحاسوب يعتبر ضرورة في الحكومات الإلكترونية، كذلك فإن أي حكومة تريد تطبيق إلكتروني ناجح ينبغي أن تبدأ بتعليم الإنترنت وتطبيقاته ابتداءاً من المرحلة الابتدائية .

١٦ **الوقت** :لقد كانت الأماكن الحكومية من أكثر الأقسام كراهية، ولكن المواطنين بعد تطبيق مشروع الحكومة الإلكترونية لن يضطروا إلى الانتظار طويلاً قبل إتمام مصالحهم .

الفصل الثاني

الأسباب الرئيسية للتحول
إلى حكومة إليكترونية

الفصل الثاني: الأسباب الرئيسية للتحول إلى حكومة إليكترونية

ما أسباب التحول إلى حكومة إليكترونية؟

يتغير قطاع الحكومة المركزي بشكل سريع. فقد قررت حكومة حزب العمال أن تحدث من الطريقة التي يسير بها العمل بداخلها على المستويات كافة. بالإضافة إلى تنفيذ إحدى السياسات الخاصة بداخل جهات وهيئات الحكومة المركزية، فإن إحدى القوى المحركة للإنفاق على تنمية تكنولوجيا المعلومات في جميع النواحي المتعلقة بالحكومة تتمثل في ضرورة تقديم جميع الخدمات الحكومية بطريقة إليكترونية. ولقد تمت الإشارة إلى الرؤية الأصلية لهذه السياسة في التقرير الخاص بمشروع تحديث الحكومة، ولكن مع التعهد بتحقيق ذلك بحلول عام ٢٠٠٨. وعلى الرغم من ذلك، فقد أعلن رئيس الوزراء في مارس عام ٢٠٠٠ أنه قد تقديم هذا الموعد والاتفاق على البدء في تنفيذ هذه السياسة مع بداية عام ٢٠٠٥ ⁽⁾.

لقد تم تحديد هذا الاتجاه في ضوء التغير المستمر الذي شهدته الحكومة عندما بدأت تعمل على إعادة تنظيم الجهات والهيئات وطريقة سير العمل بداخلها. وكذلك، فقد تم التركيز على تحقيق الترابط بين جهات الحكومة المختلفة أو ما يمكن أن نطلق عليه التعاون بين جميع الهيئات الحكومية.

لقد حددت الحكومة كل من تلك الأهداف والأطر الزمنية المعنية للإنفاق على تنمية تكنولوجيا المعلومات في نواح متنوعة من القطاع العام. لذا، سيؤدي ذلك إلى زيادة الضغوط التي ستقع على عاتق الحكومة بهدف تحقيق هذه الأهداف وسد أي عجز في الميزانية اللازمة. سوف يبدو ذلك أكثر صدقاً عندما تبدو في الأفق الكثير من هذه الأهداف بالفعل بعد بدء المشروع، والذي يتزامن مع الوقت الذي ستجرى فيه الدورة التالية من الانتخابات العامة. سيعمل ذلك على طمأنة الشركات التي تمد السوق بهذه

الخدمات، لأن عمليات التمويل لن تستمر فحسب، بل يمكن أن تتزايد بشكل جيد أيضاً كي تتحقق هذه الأهداف .

تتمثل الخطوة الأولى في توفير بنية تحتية تـدعم عمليـة تقـديم الخدمات .ولا زالـت تلك الدفعـة الأولى تحتفظ بقوتها، لكن بدأت أمور أخرى في الظهور مثل المسائل المتعلقة بكل من إعادة هيكلـة العمليـات التجاريـة ومحطات الطاقة لأنظمة إدارة السجلات والمستندات الإليكترونية، بالإضافة إلى إثارة مجموعة كبيرة من التساؤلات حول الخدمات الخاصة بإناطة تنفيـذ المهـام إلى جهـات أخرى لتقليـل التكلفـة وتحقيـق أفضل معـدلات القيمـة وعلاقات الشراكة .تحاول الحكومة الآن أن تحدد طريقة لكيفية إدارة هذه الخدمات وتقديمها بشكل مستمر علـى المدى الطويل .كما تحاول أن تتأكد من أن هذه الخدمات تعود بفوائد على العمل وتزيد مـن فرص الاسـتثمارات المرجوة، وتوفر خدمات أفضل لجميع المساهمين .

ثمة العديد من الدوافع الخارجية والـدوافع التي تتعلـق بـالأعمال (العوامـل الداخلية التي تسـاهم في الانتقال إلى العمل بنظام الحكومة الإلكترونية .تتضافر هذه العوامل مع جوانب الإصلاح السـبع الرئيسـية لتشكل الأسباب الأساية الثمانية للانتقال نحو العمل بنظام الحكومة الإليكترونية .

الدوافع الخارجية

ثمة عدد من العوامل الخارجية التي تؤثر على هذا الاتجاه :

العوامل الاجتماعية

١) زيادة معدل استخدام الإنترنت .

٢) المجتمع الذي يمارس نشاطه باستمرار على مدار الأربع والعشرين ساعة وطوال أيام الأسبوع .

٣) الحاجة إلى الاستجابة إلى متطلبات المواطنين .

٤) استخدام الناس للتكنولوجيا .

٥) جدول الأعمال الخاص بالتضمين الاجتماعي .

العوامل االسياسبة

١) رغبة الحكومة .

٢) ضغط المواطنين على الحكومة .

٣) الأهداف والتشريع .

٤) التمويل .

العوامل الاقتصادية

١) تغييرات في شكل وأنماط العمل -زيادة في معدلات اللجوء إلى إناطة تنفيذ الأعمال إلى جهات أخرى لتقليل التكلفة .

٢) توفر الأموال الحكومية .

٣) السعي لتقليل التكلفة، ولكن مع زيادة معدلات الكفاءة في جميع هيئات وجهات الحكومة .

العوامل التكنولوجية

١) الاتصال عبر شبكات اتصال ذات نطاق واسع .

٢) نظم التأمين والبطاقات الذكية .

٣) الاتصال من خلال الهواتف المحمولة .

٤) الإنترنت .

٥) تخزين وإدارة المعلومات .

٦) وسائل الاتصال المختلفة -البريد الإليكتروني .

٧) خيارات متعددة القنوات .

٨) بنية تحتية لتكنولوجيا الاتصالات والمعلومات .

ملخص للعوامل الداخلية

تتمثل العوامل التي تعمل بشكل متناغم مع العوامل الخارجية في الآتي :

١) تناثر المعلومات وتفرقها بين جميع الجهات والهيئات الحكومية .

٢) الاعتقاد بعجز الحكومة بجميع مستوياتها عن تقديم المساعدة للمواطنين، وعدم تشجيعها لإبداء الآراء أو لاستشارة المواطنين أنفسهم .

٣) كثرة الروتين المكتبي وانعزال الأقسام والإدارات عن بعضها مما يؤدي إلى انتقال المواطنين وتحويلهم من قسم إلى آخر .

٤) رغبة المواطنين في الحصول على خدمة وصول أفضل وأسرع للمعلومات ولوسائل الاتصال والتفاعل الإليكترونية، بالإضافة إلى رغبتهم في أن يصبحوا جزءاً من عملية صنع القرارات .

٥) الاتجاه العام نحو إعادة تصميم الأنظمة داخلياً حتى تتواكب مع البوابات المعلوماتية الموجهة لخدمة المواطنين ولتقليل سعر التكلفة من خلال القيام بذلك .

٦) الحاجة إلى تكامل جميع مصادر المعلومات داخل الجهة الواحدة أو بين الجهات الحكومية، أياً كان نظام التشغيل، وذلك لتكوين نظرة شاملة عن المواطنين .

٧) كيف تتم مساعدة مستخدمي هذه الخدمات بشكل فعال؟ ماذا عن الوكالات أو الشركاء الإداريين والموردين والمواطنين؟ فمع التطور المستمر للتكنولوجيا،

تلاشت الفوارق الفاصلة بين كل من الإنترانت)الشبكة الداخلية (والإكسترانت)الشبكة الخارجية (والإنترنت .

٨) سيتم التمييز بين الهيئات الحكومية من خلال قدرة كل منها على استثمار أفكار العاملين بها، والعمل على تقويتهم وتعزيز مهاراتهم .لذلك، فكل من زيادة مهارات الموظفين وتدريبهم على استخدام أجهزة الكمبيوتر المكتبية والأجهزة المتعددة يشكلان اثنين من وسائل الدعم الضرورية لتحقيق هذه الفكرة .

العائد المادي

الحكومة مثلها مثل أية مؤسسة أخرى - لها ميزانيات محدودة وأهداف كثيرة .ولذلك، فمع وجود القيود المادية، هناك ضرورة لتحسين الخدمات وزيادتها على المستويات كافة داخل الحكومة .

يمكن أن تكون الفوائد المالية العائدة من التطبيق الناجح لجدول الأعمال الخاص بتحديث الحكومة كبيرة وضخمة .هذا، بالإضافة إلى أنها تعد من العوامل الرئيسية التي تدعم وتعزز الاتجاه نحو العمل بنظام الحكومة الإليكترونية .كما أنها ستمكن الحكومات من استيعاب أي تغير يطرأ عليها وزيادة الخدمات المقدمة، دون الحاجة إلى زيادة قيمة الضرائب .وسيتم تخصيص الأموال للبدء في تنفيذ هذا المشروع، ولكن تتمثل الأهداف طويلة الأجل وراء ذلك في ادخار الأموال وتحقيق فوائد للمساهمين .

تعتبر عملية تحديد العائد المادي عاملاً مهماً وحيوياً .فالهدف هو أن يتم تحديد الفوائد المادية العائدة من كل مشروع على حدة بأقصى سرعة ممكنة، وكذلك تحديد أية مخاطر يمكن أن تؤثر على وفورات التكلفة . ونظراً لاحتياج وفورات التكلفة إلى استيعاب مصروفات الإنشاء، فيجب أني تم استخدام خطط طويلة الأجل .ولذا، فمن المهم أن تشتمل هذه العملية على معايير للقياس تسمح بتتبع مسار وفورات التكلفة بشكل جيد ودقيق .

فيما يلي مثال على هذه العملية. تم اقتراح أن يتم تقديم خدمة على الإنترنت لتحصيل الضرائب المفروضة على المركبات. فتمثلت إحدى الفوائد العائدة من هذه الخدمة في تقليل التكلفة الإدارية بنسبة ٢٥٪، وذلك في حالة إذا ما استخدم ٩٠٪ من مالكي المركبات هذه الخدمة. أما بالنسبة للمخاطر، فتمثلت في أن الإقبال على هذه الخدمة سيكون بطيئاً، كما سيكون عدد مستخدمي هذه الخدمة أقل مما هو متوقع، وقد يعني ذلك أن التكلفة الفعلية للخدمة ستكون أكثر بنسبة كبيرة من نسبة التكلفة المتوقعة. وذلك لأن الخدمة المقدمة على الإنترنت ستكون في الوقت نفسه في حاجة إلى متابعة دائمة وذلك حتى يتم تقديمها بالمستوى الجيد. وللتعامل مع المخاطر ممكنة الحدوث، يجب أن يتم عمل برامج لإعطاء حوافز لمستخدمي الخدمة أو لتشجيع الإقبال على استخدامها. وبالتأكيد، يجب أن يتم تحديد تكلفة هذه البرامج في ضوء الوفورات الناتجة عن السنة الأولى من بدء الخدمة. وستكون هناك حاجة إلى وضع وتحديد المصروفات التي ستغطي تشغيل الخدمة المقدمة على الإنترنت وذلك ضمن الميزانية السنوية المستمرة. وذلك حتى تغطي الخدمة تكلفتها كحد أدنى دون أن يتسبب ذلك في أية خسائر.

سيكون العمل على تقليل ملكيات الحكومة أيضاً إجراءً رئيسياً لتقليل التكلفة. مرة أخرى، من المهم أن يكون هناك إدراك لجميع الفوائد وعوامل النجاح وأن يتم تحديد تكاليف هذا الإجراء على نحو مناسب. فعلى سبيل المثال، لن يحقق أحد أية استفادة من تحقيق ١٠ مليون جنيه إسترليني من إغلاق مجموعة مكاتب في لندن، في حالة ما إذا كانت تكلفة تعديلات البنية التحتية والانتقال إلى مكان جديد ستقدر بأكثر من ٣٠ مليون جنيه إسترليني على مدار الثلاث سنوات القادمة.

التواصل مع المواطنين

يتمثل أحد الدوافع المهمة في جدول أعمال تحديث الحكومة في إعادة التواصل مع المواطنين والمساهمين. ثمة هدف يتمثل في أن يتم تقديم جميع الخدمات على الإنترنت بحلول عام ٢٠٠٨. لذا، فإذا تم تنفيذ هذه الخدمات على نحو جيد، سيؤدي ذلك إلى خفض

التكاليف والنفقات التي تتكبدها الحكةومة بشكل ملحوظ. بالإضافة إلى ذلك، ستعمل هذه الخدمات على الإسراع من سير العمل الحكومي، كما ستتيح للشعب بأكمله فرصة الحصول على ما يريده من خدمات حكومية بشكل غير مسبوق ولا معهود منذ عشرين سنة مضت.

وكما أظهر المثال سابق الذكر الذي يوضح الفائدة المادية العائدة، سينهار هذا الكيان كليةً إذا لم يكن هناك إقبال ملحوظ من قبل المواطنين على استخدام هذه الخدمات. لذا، فالاستراتيجية الإلكترونية للحكومة البريطانية هي أن يتم إتاحة الاتصال بالإنترنت لجميع أفراد الشعب – حيث ستكون هذه هي الخطوة الأولى التي ستوفر اتصال بهذه الخدمات. ولكي تتأكد الحكومة من مدى إقبال المواطنين على الخدمات، فهناك عدد من الخطوات الأولية التي يجب اتخاذها.

يجب أن يتم القيام بنشاط سداسي المراحل لتشجيع المواطنين على الإقبال على الخدمات. وفيما يلي عرض لهذه المراحل:

١   الوعي بوجود الخدمة.

٢   المهارات والوصول إلى الخدمة.

٣   الرغبة في الاستخدام.

٤   إمكانية الاستخدام.

٥   تحقيق الخدمة.

٦   الحصول على تقارير الإفادة فور الانتهاء من كل خطوة.

والآن، سنتناول بالتفصيل شرح هذه المراحل.

الوعي بوجود الخدمة

لكي يقبل المواطنون على استخدام الخدمات على الإنترنت، يجب أن يكونوا على وعي بهذه الخدمات. كما يجب أن تكون هذه الخدمات ذات صلة بحياتهم.

المهارات وإمكانية الوصول إلى الخدمة

تتمثل العوائق التي تقف حائلاً أمام الإقبال على الخدمة والانتفاع بها في إمكانية الوصول إلى الخدمة ومهارات استخدام التكنولوجيا التي تقدم هذه الخدمات. ولذا، فلتمكين المواطنين من الوصول لهذه الخدمات الجديدة والانتفاع بها، فهناك حاجة إلى وجود نقاط اتصال كافية. يمكن توفير نقاط الاتصال هذه من خلال مكاتب الخدمات والاستعلامات الموجودة في المراكز العامة والمراكز الاجتماعية والمدارس والمكتبات وكذلك عبر أجهزة التليفزيون والكمبيوتر المزودة بإمكانية الاتصال بشبكة الويب (.)

تشكل عملية الوصول إلى الخدمة أحد طرفي المعادلة. أما بالنسبة لطرف المعادلة الآخر، فيتمثل في تدريب المواطنين على كيفية استخدام هذه الخدمات. دخلت عملية تدريس المهارات الحديثة لتكنولوجيا الاتصالات والمعلومات ضمن المنهج القومي منذ ١٠أو ١٢ سنة ماضية. ومن ناحية أخرى، هناك قصور كبير في المهارات المتعلقة المقدمة في الفئة العمرية التي فوق الخمس والعشرين عاماً. ولذا، يوجد بالفعل عدد من البرامج التي تدعمها الحكومة لعلاج هذه المشكلة.

الرغبة في الاستخدام

تتمثل المرحلة التالية في دعم وتشجيع رغبة المواطنين في استخدام هذه المهارات ونقاط الاتصال لتحقيق غرض معين. فيمكن أن يكون هذا الغرض على سبيل المثال أمر حياتي، كتغيير عنوان أو رغبة في الاتصال بإحدى الهيئات الحكومية للحصول على الاستشارة في مجال معين أو لأغراض تتعلق بجمع معلومات عن أمر ما. ثمة العديد من الأنشطة التي من الممكن أن تستخدمها الحكومة لتزيد من رغبة المواطنين في استخدام

هذه الخدمات .ومن بين هذه الأنشطة، نجد نشاطين رئيسين ألا وهما :تسهيل طرق استخدام الخدمة وتقديم المكافآت والحوافز لمستخدميها .فعلى سبيل المثال، عندما يقوم الفرد بملء إقرار الضريبة على القيمة المضافة من خلال استخدام الإنترنت، يمكن أن تتم مكافأته عن طريق خصم جزء من قيمة الضريبة .هذا، بالإضافة إلى أنه من خلال استخدام إحدى خدمات الإخطار الموجودة على الإنترنت أسفل الجزء الخاص بتغيير العنوان، فإن النظام سيوفر على الفرد الكثير من الوقت والجهد الضائعين نتيجة اضطراره للذهاب إلى جميع الهيئات الحكومية ذات الصلة بالموضوع والإبلاغ عن ذلك .

إمكانية الاستخدام

من الضروري أن يتم وضع الاعتبارات الخاصة بإمكانية وسهولة استخدام الخدمات المقدمة على الإنترنت في الاعتبار عند تقديمها .فإذا تم عمل مسح ضوئي لاستمارة وإدراجها كصورة وتم تقديمها بهذا الشكل على الموقع، فلن يشجع ذلك على استخدام الخدمة .كذلك الحال مع تقديم التقارير التي لا يمكن تنزيلها إلا كملفات PDF كبيرة .ولذا، فيما يلي عرض لبعض الوسائل التي تعزز من سهولة استخدام الخدمة، وتشجيع بالتالي على الاستخدام .

النماذج التي يزداد طولها أو ينقص وفقاً لطول الأجوبة .

النماذج المعدة سلفاً والمزودة بالمعلومات الأساسية مثل الاسم والعنوان القائمة على معرفات الهوية مثل رقم التأمين القومي.

الأنظمة المزودة بإمكانية الدخول إليها من خلال استخدام أجهزة متعددة)عبر أجهزة الكمبيوتر الرقمية المساعدة (PDA)أو أجهزة الكمبيوتر الشخصية وما شابه ذلك .

الاستفتاءات المصممة على نحو جيد والتي يمكن ملئها بسرعة .

الاستخدام الحكيم للصور -فالصور كبيرة الحجم تستغرق الكثير من الوقت في عملية تنزيلها .

استخدام تصميمات واضحة للشاشة والتي يمكن استخدامها مع درجات الوضوح المختلفة للأجهزة .

استخدام التصميمات التي تسهل على المعاقين عملية الوصول إلى الخدمة .

استخدام التقارير المخصصة .

تحقيق الخدمة

سيكون من الضروري أن يتم استخدام الأنظمة التي تشتمل على جميع مراحل تقديم الخدمة بدلاً مجرد تمرير المعلومات للآخرين أو توجيه الفرد إلى مكان آخر .وذلك، لأن المواطن عندما يدخل على الإنترنت ليستخدم هذه الخدمة، سيرغب في إتمام العملية أو المهمة سريعاً والخروج .فهنا تكون الحاجة إلى وجود إدارة مناسبة تربط بين جميع الهيئات والجهات الحكومية أمراً مهماً .

الحصول على تقارير إفادة فور الانتهاء من كل خطوة

من المهم أن يدمج بهذه النظم آليات مناسبة لتقديم تقارير الإفادة .فلا نزال نشعر بالرهبة من استخدام الإنترنت .فإذا ما قمنا بملء استمارة أو دفع سعر شيء ما عن طريق الإنترنت، فكيف يمكن أن نتأكد من أننا قمنا بعمل ذلك بشكل صحيح؟ وإذا بدأنا في خوض عملية ما، فما هي الخطوة التالية؟ ما مقدار الوقت الذي ستستغرقه هذه العملية؟

لذا، فمن خلال عقد مقارنة بين إرسال طرد بالطرق التقليدية وبين إرسال هذا الطرد عن طريق الإنترنت، سيتضح كم الفائدة العائدة على الفرد من خلال استخدام الطرق الإليكترونية .

وستوضح المقارنة الخاصة بإرسال طرد بريد كل المسائل التي تتعلق بهذا الأمر .ففي الماضي، كان الفرد يقوم بالذهاب إلى مكتب البريد لتسليم الطرد .وهناك يخبرونه

بالوقت الذي سيستغرقه الطرد للوصول إلى الجهة التي حددها .وفي اليوم المحدد لوصول الطرد، يتصل الفرد بالشخص المرسل إليه للتأكد من وصول الطرد .وفي حالة إذا ما اكتشف عدم وصوله، يدور بخاطره الكثير من التساؤلات :ماذا حدث؟ أين ذهب الطرد؟ يتساءل وليس هناك من يستطيع أن يقدم له الأجوبة عن تساؤلاته . بعض الشركات الحديثة لتوصيل الطرود انتهزت الفرصة وغزت السوق بأنظمة يمكن للعملاء استخدامها للتتبع مسار الطرد على الإنترنت .فيمكن للفرد أن يقوم بتسجيل الدخول على الإنترنت كل يوم ليتتبع رحلة الطرد .ولذا، سيكون العميل متأكداً من سلامته .كما سيحقق موفرو هذه الخدمة الاستفادة من خلال تقليل النفقات التي كانوا يتكبدونها من قبل بسبب الوقت الذي كانت تستغرقه عملية تتبع مسار الطرد .

يجب أن يتم اتباع طريقة التفكير الجديدة الموضحة في المثال السابق عند تقديم الخدمات على الإنترنت للمساهمين .بالإضافة إلى ذلك، يجب أن تُظهر الحكومة للمواطنين أنها تستمع لآرائهم وبأنها تقوم بتعديل النظم في ضوء اقتراحاتهم .وسيعمل التعزيز الإيجابي الذي سيتحقق من خلال هذه الآليات على زيادة ثقة العملاء في موفري هذه الخدمة -الحكومة في هذه الحالة .

التحسين المستمر للخدمات / الكفاءة التشغيلية

إن الخطة المؤسسية التي يتبعها موفرو هذه الخدمات تتمثل في الانتقال من منهج تكتيكي مرحلي قائم على التوقف والبدء إلى منهج آخر قائم على إجراء التحسين المستمر للخدمات .تسير هذه الخطة على نحو متطور ومتجدد بشكل تدريجي بدلاً من أن يتم التطور على نحو مفاجئ .فجميع مبادئ التحسين المستمر للخدمات وتحقيق الكفاءة التشغيلية في جميع الهيئات الحكومية تسير وفقاً لما نص عليه التقرير الخاص بتحديث الحكومة وبعض الوثائق اللاحقة حول هذا الموضوع، مثل التقرير الخاص بإصلاح

الخدمات المدنية. فالعالم الذي يحيا فيه القائمون على الحكم عالم يتغير ويتطور بشكل سريع. فقد زادت طلبات المساهمين، هذا بالإضافة إلى أن متطلباتهم أصبحت أكثر تعقيداً.

تأتي هذه المتطلبات في ظل وجود الضغوط المالية. ولذا، فمن الضروري أن تقوم جميع الهيئات الحكومية بانتهاج منهج يقوم على إجراء التحسين المستمر للخدمات. ومما لا علاقة وثيقة بإجراء التحسين المستمر للخدمات هي الحاجة إلى وجود كفاءة تشغيلية. نعني بالكفاءة التشغيلية الطريقة التي تستخدمها الحكومة لتقديم الخدمات في الوقت الحاضر. هذا، في حين أن عملية التحسين المستمر ترتبط بعمل الحكومة المستمر على تحسين الخدمات والتوسع في تقديمها في المستقبل بشكل متطور وهادف.

فعلى سبيل المثال، فيما يلي عرض لبعض الفوائد التي ستعود من إجراء التغيير في هذه المجالات:

١   تؤدي زيادة كفاءة العمل وتحسينه إلى تقليل الخسائر وعدم إهدار الوقت.

٢   يؤدي انتهاج طرق عمل أكثر مرونةً إلى تقليل الأوقات التي يقوم فيها الموظفون بالانتقال بين المكاتب، كما سيقلل من المتطلبات المتعلقة بالمكاتب. هذا، بالإضافة إلى أنه سيوفر رأس المال والوقت وسيشعر الموظفون بأنه يتم تقييمهم بدرجة أكبر: الأمر الذي سيكون له تأثير إيجابي عليهم حيث سيؤدي إلى زيادة معدل الاحتفاظ بفريق العمل وخفض معدل إصابة الموظفين بالإجهاد.

٣   يمكن أن يشجع العمل من خلال شبكات المعلومات على العمل التعاوني. كما سيتيح الفرصة لاستيعاب الدروس المتعلمة ونشر طرق جديدة في العمل، كما سيوفر الوقت ورأس المال ويشجع على المرونة في العمل.

٤   ستجعل الطرق الجديدة لجمع وتخزين البيانات من عملية الدخول السريع للخدمة أقل تكلفةً.

٥ يؤدي الاستخدام الجيد للهواتف المحمولة وخدمات تحويل الأعمال بغرض السماح للعاملين المتنقلين بالعمل على نحو أفضل إلى تحقيق الكفاءة في تسليم البيانات وممارسات العمل .

٦ تؤدي مناقشة العقود الرئيسية باشتراك جميع الهيئات والجهات الحكومية، بدلاً من أن تقوم كل هيئة أو جهة بهذه المناقشة على حدة إلى تحقيق العمل باقتصاديات الحجم واستخدام خطط اقتصادية لتقليل النفقات .

٧ ستتوفر للمؤسسات الحكومية إمكانية الاستفادة من المعرفة المتخصصة والمتعمقة وكذلك ستتمكن من تقليل حجم النفقات الإضافية التي تتكبدها، وذلك من خلال خدمات إناطة تنفيذ المهام -مثل الموارد البشرية وجدول الرواتب والمعاشات -إلى جهات أخرى .

٨ سيتولى مزودو الخدمة مسئولية إدارة الشبكات والبنية التحتية :الأمر الذي سيقلل من حجم النفقات الإضافية .بالإضافة إلى أن ذلك سيؤدي إلى زيادة الاستقرار في معدل التكاليف وسيزيد من الاستجابة إلى التغييرات التي تنتج عن استخدام الكتنولوجيا .وبذلك يتحقق الارتقاء بالخدمات وتطويرها بشكل مستمر .

٩ يؤدي تغيير الخلفية الثقافية داخل المؤسسة إلى تشجيع التطوير والابتكار، كما سيشجع الموظفين على إبداء آرائهم -الأمر الذي سيجعل الخدمات أكثر ارتباطاً باحتياجات المواطنين كما سيقلل من المخاطر التي تحيط بالعمليات والخدمات الجديدة .

حققت بعض الجهات الحكومية بالفعل عدداً من هذه الفوائد .

إدارة بيئة العمل المؤسسي

في الماضي، كانت الهيئات والمؤسسات الحكومية تعمل بشكل منفصل عـن بعضـها الـبعض. فقـد كانـت تحتفظ كل هيئة بجميع العمليات الداخلية داخل حـدودها. ولـذا، ظهـرت الأنظمـة الداخليـة وإدارة المعلومـات والتي يقوم كل منهما على تقنيات برامج التصفح والتي تم تقديمها من خلال شبكة الإنترانت الخاصة بالمؤسسة.

ومع ظهور الإنترنت، بدأت مواقع شـبكة الويب الخاصة بالمؤسسـات في أن تكـون أكـثر احتكاكـاً بالعالم الخارجي وبالتالي بالعملاء. ويعني ذلك، بلغة الحكومة، وجود بوابـات معلوماتيـة خاصة بكـل قسـم مـن أقسـام المؤسسة على حدة تمد المواطنين والمساهمين بالمعلومات.

وفي الوقت نفسه، تم إنشاء روابط خارجية مع الوكالات ذات الصلة والموردين والشركاء. تم إنشـاء هـذه الروابط من خلال استخدام التقنيات القائمة على الإنترنت. فعندما كان يحدث تغيير مـا مـرتبط بأحـد الشركاء أو الموردين، فإن إدارة التغييرات ذات الصلة التي تطرأ على العمليـات والاتصـالات كانـت تـتم لخدمـة هـذا الغـرض بالتحديد. ولذلك، كان تقديم هذه الخدمات يتم من خلال الإكسترانت.

كانت هذه الشبكات تدار بشكل مستقل. لذا، فيمكن اعتبارها كيانات فرعية بداخل المؤسسة. ولذا، فقـد كانت النتيجة المترتبة على ذلك حدوث التفكك المعتاد بين الأجزاء المختلفة من المؤسسة. وبالنظر إلى طـرق العمـل المعهودة في القرن العشرين، كان لا بأس من حدوث هذا. فقد كانت العمليات تستغرق الكثير من الوقت واعتـاد المواطنون على ذلك ولم يتوقعوا أن تنتقل هذه العمليات بسرعة فيما بين هذه الشبكات. وكان ذلك سبباً في ظهـور مصطلح جديد يصف هذه المجموعة المتجانسة من الروابط المتداخلة، ألا وهو مصطلح "بيئة العمل المؤسسي- "أو ما يقصد به بيئة العمل داخل المؤسسة.

أما في عالم الحكومة الإليكترونية، فالسرعة المطلوبة للاستجابة للمواطنين مختلفة اختلافاً كبيراً. بالإضافة إلى أن التغييرات المرتبطة بالشركاء والموردين تحدث بشكل مستمر ومعتاد. كما أن بيئة العمل عبارة عن كيان دائم التغير ومتطور باستمرار. علاوةً على ذلك، في ظل العمل بالحكومة الإليكترونية، لا بد من أن تحدث اتصالات بين الشبكات الثلاثة. وبطبيعة الحال في هذه الشبكات، هناك أنواع معينة من الأنشطة ستحتاج لأن يتم إنجاز العمل فيها على مستوى الشبكات الثلاثة. تتمثل هذه الأنشطة في كل من التعاملات التجارية والمعلومات والعلاقات.

١. **التعاملات التجارية**: يعنى بالتعاملات التجارية في هذا السياق النشاط الذي من نوع التجارة الإليكترونية؛ مثل الطرق الآمنة لسداد الضرائب، وربما يتم في المستقبل سداد الغرامات وما شابه ذلك بطريقة إليكترونية. وللتأكد من سير هذه العمليات بشكل فعال، يجب أن يتم الربط بين المواطنين أصحاب هذه العمليات ووزارة الداخلية وقسم الشرطة المعني بصورة متكاملة.

٢. **العلاقات**: العلاقة التي تربط بين المؤسسة وبين مجموعة المواطنين والمساهمين وتمتد لتشمل بيئة العمل المؤسسي بأكملها. وتحتاج هذه العلاقة إلى أن تتم إدارتها وتتبعها ككيان كامل؛ وذلك حتى يتسنى لجميع أقسام بيئة العمل المؤسسي أن تكون على دراية بحالة هذه العلاقة. إذ سيتفاعل المواطنون مع العديد من الشركاء والوكالات ومع الوكالات المركزية أيضاً.

٣. **المعلومات**: يرتبط بكل نشاط يتم داخل بيئة العمل المؤسسي قدر معين من المعلومات. وغالباً ما كانت تفقد هذه المعلومات بسبب انقطاع الاتصالات بين الأنظمة. تعمل المعلومات وكأنها المادة اللاصقة التي تربط بين هذه الأنظمة، ولذا فهذه حقيقة يجب ألا نتجاهلها. ولذلك، فمن الضروري أن يتم العمل بالعمليات والمناهج التي تستوعب هذه المعلومات وتستخدمها بشكل فعال.

التكامل بين الإنترنت والإكسترانت

لقد تم بالفعل إيضاح كيفية تطور هذه الشبكات في السابق بطريقة مستقلة وكيف كانت منفصلة عن بعضها البعض .وعلى الرغم من ذلك، فدوافع الانتقال إلى العمل بنظام الحكومة الإلكترونية جعلت من التعاون والعمل المشترك بين هذه الشبكات ضرورة قصوى .يوضح الرسم التخطيطي التالي النموذج العام الذي ينطبق على جميع الأعمال الحكومية، بالإضافة إلى إيضاح نوع الوظائف ومتلقي الخدمات .()

لقد تغيرت الصورة مرة أخرى .ففي بادئ الأمر، كان يتم تعديل الإجراءات بحيث تكون مناسبة لأن يتم إعادة هيكلة هذه الشبكات الثلاثة كي تعمل بشكل متجانس مع بعضها البعض، كأن تعمل جميعها من خلال استخدام بنية تحتية واحدة وتطبيقات واحدة وهكذا .لذا، سيساعد ذلك في إيجاد فرص لزيادة الكفاءة التشغيلية للأعمال على جميع المستويات .

ومع زيادة تطور تقنيات الإنترنت وسبل التأمين التي أصبحت أكثر تقدماً عن ذي قبل، يمكن أن يتم الآن الدمج بين الشبكات الثلاثة في شبكة واحدة أو بمعنى آخر إنشاء ما يسمى بشبكة السوبرنت .لقد تم تصميم هذه الشبكة بهدف تقديم الواجهة المناسبة لكل طرف من أطراف بيئة العمل المؤسسي؛ وذلك بهدف الربط بين جميع أقسام المؤسسة وبين مساهميها وشركائها الخارجين .وبلغة الحكومة، سيعني ذلك أنه يمكن بالفعل تحقيق شكلاً من أشكال الإصلاح الذي يتمثل في الخدمات الحكومية المترابطة والمتكاملة .

تتطلب هذه العملية وجود منهج يتعامل مع هذا الكيان ككل وليس كأجزاء، والذي إذا تم تنفيذه بشكل فعال، سيؤدي إلى إنشاء هيكل معلوماتي آمن يتسم بالمرونة، واللازم لدعم وتعزيز جدول الأعمال الخاص بتحديث الحكومة .

الاستمرارية

لقد تم بالفعل التطرق للحديث عن القيود المالية التي في ظلها يجب أن يتم تطبيق جدول الأعمال الخاص بتحديث الحكومة .فقد عملت الحكومة على تشجيع اتخاذ بعض المبادرات نحو تنفيذ مشروع العمل بنظام الحكومة الإلكترونية على مدار السنوات القليلة الماضية؛ وذلك كي تعوض بعضاً من التكاليف الضخمة المصاحبة لعملية البدء في التنفيذ .بيد أن ذلك لا يعد نموذجاً قابل للاستمرارية .

على ساحة الحكومة المحلية، لقد استوعبت السلطات بالفعل المشكلة .ولذا، فهم يسعون لتحقيق بعض علاقات الشراكة الاستراتيجية، أملاً في أن يستطيع القطاع الخاص أن يمدهم بالاستثمارات الكافية لبدء تنفيذ جدول الأعمال وفي الوقت نفسه التمكن من إنشاء نماذج حكومية تساعد في تحقيق إيرادات مستمرة بمرور الوقت .

يجب أن يتم دمج مشروعات الحكومة الإلكترونية داخل النظام الحكومي .فيجب أن يتضمن كل مشروع خطة عمل توضح كيفية استمرار تقديم الخدمات أو إنجاز الأهداف الموضوعة بمرور الوقت، وذلك وفقاً للميزانية والموارد المتاحة .وتتمثل أحد الأمور الرئيسية المتعلقة بتطبيق هذا النموذج في إمكانية قياس الفوائد العائدة من هذه الخدمات .فعلى سبيل المثال، إذا كان من الممكن أن يتم تقليل الوقت الذي تستغرقه مجموعة معينة من التعاملات التجارية من خلال تنفيذ مجموعة منظمة من العمليات وتنظيم تدفق العمل، يجب أن يتم استغلال هذا الوقت وتقديره، ومن ثم يمكن تحديد أوجه الاستفادة من هذا الوقت المدخر في ضوء التكاليف المستمرة . يستغرق إنشاء هذه المشروعات بالفعل الكثير من الوقت .ولقد تم تحديد نموذج لميزانية الحكومة بحيث يمتد على مدار ثلاث سنوات، وكذلك الحال مع النماذج الموضوعة لتحقيق استمرارية تقديم الخدمات، حيث تمتد هي أيضاً على مدار ثلاث سنوات .تنقسم هذه السنوات الثلاثة إلى سنة لإنشاء المشروعات .أما السنة الثانية، فمخصصة للتعليم وتحديد النواحي التي ستكون فيها عائدات الأرباح جزئية .وأخيراً، ففي السنة الثالثة سيتم تحديد الأرباح في ضوء عائدات التكاليف .

تعد الاستمرارية المبرهنة والواضحة للخدمات دليلاً على أن عملية التحول إلى الحكومة الإلكترونية والتوسع في تطبيقها هي عملية ناجحة ومستمرة .

التكنولوجيا كعامل مساعد

بدون التقنيات الداعمة التي تطورت على مدار الخمس سنوات الماضية، لكانت الخطط الطموحة للعمل بنظام الحكومة الإلكترونية قد واجهت الكثير من الصعوبات خلال العمل على تحقيقها .ومن المهم هنا أن نشير إلى أن هذه التقنيات تستخدم كوسيلة وليس كغاية في حد ذاتها .فالحكومة الإلكترونية تعمل لخدمة الناس وتتعلق بالعمليات والبيانات .وفي حالة إذا ما تم استخدام هذه التقنيات على نحو فعال ستعمل كعوامل مساعدة على تحقيق فوائد كبيرة وتقديم خدمات جديدة مبتكرة في هذا المجال .ثمة عدد من التطورات التكنولوجية الرئيسية المرتبطة على وجه الخصوص بعملية الانتقال للعمل بنظام الحكومة الإليكترونية :

١) الإنترنت ومعايير لغة XMLالبرمجية .

٢) طرق الاتصال عن بعد من خلال استخدام الهواتف المحمولة .

٣) البنية التحتية لـ Public Key.

٤) إدارة علاقات العملاء .

٥) إدارة المعلومات /إدارة المحتوى .

٦) إدارة السجلات والمستندات الإليكترونية .

٧) شبكة اتصال ذات نطاق واسع .

٨) نماذج إليكترونية /عمليات إليكترونية .

سيتم تعريف كل من التقنيات سابقة الذكر كل على حدة في الفصول اللاحقة من الكتاب. هـذا، بالإضـافة إلى تعريف بعض التقنيات الأخرى التي ستحتل قدراً كبيراً من الأهمية في المستقبل ولكنها تشكل مشكلة في الوقت الحاضر.

لقد تم خفض التكاليف المرتبطة بتنفيذ هذه التقنيات بشكل سريع في الخمـس سنوات الماضية. وعـلى الرغم من زيادة حجم الأعمال، فقد تم تقديم خدمات جديدة تسـاعد فيـب إتمـام العمليـات عـلى الوجه الأمثـل وتقليل التكلفة. ومن هذه الخدمات: خدمات إناطة تنفيذ المهام إلى جهات أخرى وخدمات الاستضافة وخدمات الإدارة. ولذا، فمن المعقول القول بأنه لولا ما حدث من تخفيض للتكاليف، لكان من المستحيل تقديم رؤية شاملة عن خدمة العمل بنظام الحكومة الإلكترونية بالكامل، من الناحية المادية. وبالتالي، سيكون العمل عـلى تحقيق أي عوائد من الاستثمار بالغ الصعوبة. لقد ساعد كل مـن تخفيض التكـاليف والتطور التكنولـوجي في تجسيد هـذه الرؤية وجعلها واقعاً فعلياً.

تحمل المسئولية

تقوم المبادئ التي تنتهجها الحكومة على مبدأي تحمل المسئولية والشفافية. ولـذا، فـلا بـد مـن أن تلتـزم النماذج الجديدة للحكومة بهذين المبدأين. وفيما يلي عـرض لـبعض العناصـر الرئيسـية التـي يشـتمل عليهـا مبـدأ تحمل المسئولية:

في الأعمال الحكومية اليومية، يجب أن يتم تحديد الشخص المسئول عن أداء كل عمل.

١. المراجعة: التأكد من المهام التي قام بها كل شخص مع تحديد وقت قيامه بها.

٢. التحليل الإحصائي: فهم البيانات مع معرفة مالكها ومدى مصداقيتها وإعداد النماذج طبقاً لهذه البيانات.

٣. تحديد المصروفات: تحديد النفقات مع تحديد أماكن صرفها والشخص الذي قام بصرفها.

٤. اكتشاف عمليات الغش والنصب من خلال مراقبة التعاملات التجارية .

٥. تتبع الأدلة :تتبع المستندات ذات الصلة .

٦. تقديم المكافآت :إثابة الشخص على تحقيق النجاح .

٧. التأمين :تتبع عمليات الاتصال بالمواقع ومن قام بالوصول إلى البيانات المختلفة وتحديد وقت القيام بذلك .

٨. اكتشاف الأخطاء :مراقبة العمليات وعرض الوقت .

٩. إمكانية الاتصال بالمساهمين :التفاعل والحصول على تقارير إفادة .

١٠. إقامة علاقات ثقة قائمة على الأدلة والبراهين .

وبسبب أن العالم الذي نحيا فيه الآن عالم ازداد فيه التشكك والشعور بالريبة، لذا فإن المطالبة بالتحديد الكامل للمسئولية والحصول على الأدلة والبراهين تعد دليلاً على حالة عدم الثقة السائدة في هذا العالم .ولذا، فيمكن استخدام مجموعة التقنيات الجديدة المساعدة، بجانب فهم أهداف ودوافع الحكومة، بغرض إنشاء إطار عمل يدعم أهداف مبدأ تحمل المسئولية .توضح بعض دراسات الحالة التي سيتم استعراضها لاحقاً في الكتاب مدى قوة مبدأ تحمل المسئولية في إنجاز الأعمال .

الاتصال

تعاني أغلب المؤسسات من الكثير من مشكلات التواصل مع المساهمين في الخارج وفي الداخل .والدليل على ذلك هو إثارة القضية المتعلقة بإدارة المعلومات على نطاق واسع في الخمس سنوات الأخيرة كقضية تتعلق بالأعمال .فبالنسبة للحكومة على وجه الخصوص، تنطوي تحديات الاتصال بالمساهمين على الكثير من الجوانب وليس على إدارة المعلومات فحسب .فتتضمن بعض التساؤلات مثل :

كيف ندير ونستخدم طرق الاتصال الحديثة؟

تتكون الحكومة من قطاعات عديدة .فكيف يمكن أن يتم الاتصالات عبر هذه الحواجز؟

كيف يمكن أن نطور من الخدمات التي نقدمها للمساهمين؟

كيف نتخطى الحواجز الداخلية الموجودة في المؤسسات؟

كيف نتصل بالمؤسسات الأوروبية والدولية وبموظفينا العاملين في الخارج؟

كيف نقدم لموظفينا الدعم المهني والشخصي وكيف نوصل لهم هذا الدعم؟

كيف ننشئ هيكل عمل خاص بوسائل الاتصال تكون له القدرة على دعم التجديد والابتكار؟

كيف نتشاور مع المواطنين بشكل فعال ونشجع من عملية التواصل بيننا وبينهم؟

كيف نستخدم وسائل الاتصال المتاحة والمعقدة وكيف نربط بينها؟

كيف نجمع المعلومات من المساهمين بكفاءة ودقة؟

كيف يمكننا توصيل تقارير الإفادة إلى المساهمين؟

كيف نتصل بموردينا والمؤسسات الأخرى في عملية مشاركة المعلومات؟

كيف نستخدم وسائل الاتصال الداخلية بطريقة آمنة ونلتزم بالقواعد الخاصة بحماية البيانات؟

تسببت مسألة الاتصالات تلك في ظهور الكثير من المشكلات .وعلى الرغم من ذلك، فالاتصالات تتميز بأنها تساعد على إجراء العمليات بشكل انسيابي ومنظم، بالإضافة إلى تمكين الحكومة من التواصل مع مساهميها من خلال طرق جديدة تماماً .وفي الواقع، تعد عمليات الاتصال سبباً رئيسياً وراء الرغبة في التحول للعمل بنظام الحكومة الإليكترونية .هذا، بالإضافة إلى أن الرؤية الخاصة بالحكومة الإلكترونية تحتوي على العديد من الحلول للمشكلات التي تتعلق بالاتصالات.

الفصل الثالث

متطلبات وعوامل نجاح

الحكومة الإلكترونية

الفصل الثالث: متطلبات وعوامل نجاح الحكومة الإلكترونية

المبحث الأول: متطلبات الحكومة الإلكترونية

نحتاج لجعل مفهوم الحكومة الإلكترونية مشروعاً له تطبيقاته على أرض الواقع إلى توفير عدة متطلبات أساسية، تشكل نقطة الارتكاز التي يمكن من خلالها الانطلاق نحو بناء منظومة الحكومة الإلكترونية، وتتعلق بشكل مباشر بمشروع الحكومة الإلكترونية، أي أنها تخدم نشاطات الحكومة الإلكترونية وموجهة لتطبيقاتها، دون غيرها من نشاطات العنصر الإنساني. وتشكل هذه المتطلبات القاعدة، التي يقوم عليها مشروع الحكومة الإلكترونية، ولذلك يجب البدء بها كخطوة أولى، بغية توفير الحد المناسب منها، ليمكن بعد ذلك البدء في مراحل التحول نحو تطبيقات الحكومة الإلكترونية. [()]

وتتفاوت مدى وتيرة السعي وشدته لتوفير هذه المتطلبات من إطار مكاني إلى آخر، نظراً لاختلاف الدول والشعوب والمجتمعات عن بعضها البعض، من جوانب كثيرة والتي من أهمها محتوى هذه المتطلبات. فنجد أن الدول التي تملك أسباب التقدم في مجالات عديدة، سيكون من السهل عليها إيجاد هذه المتطلبات، هذا بخلاف الدول التي تعاني من تأخر في بعض المجالات، والتي يتعين عليها بذل جهد أكبر لإيجاد هذه المتطلبات، بما يكفل قدرتها على الاستفادة من مفهوم الحكومة الإلكترونية، كما في بقية دول العالم، كون هذا المفهوم يأخذ صفة العالمية في كثير من جوانبه.

وسنعرض في ثنايا هذا الفصل تلك المتطلبات، من حي معناها ودلالاتها، وما هي الخطوات الواجب إتباعها لتحقيقها، وسنربطها بشكل أكبر من خلال مناقشتنا لأوضاع وظروف الدول النامية.

أولاً -وجود الرؤية الإستراتيجية :Strategic vision

تحتاج الأجهزة الحكومية المتعددة التي تعمل ضمن الجسم الرسمي الواحد إلى تحديد معالم التوجه نحو الشكل الإلكتروني الجديد، وذلك ضمن مسار موحد يقود إلى تطبيق الحكومة الإلكترونية في نهاية المطاف، بحيث يتضمن هذا المسار تحديد الرؤية المشتركة حول مشروع التحول للعمل الإلكتروني، بما في ذلك من أهداف ومهام تتناسب مع النظرة الوطنية المنبثقة من رسالة الدولة وخطها الفكري والسياسي على المستوى المحلي الوطني أو الدولي .

وتعد الرؤية الواضحة أمراً بالغ الأهمية لمشروع الحكومة الإلكترونية، كونها ستحدد الكيفية التي سيكون عليها ذلك المشروع في فترة مستقبلية والوضعية المناسبة له من حيث الدور والأهداف، بما يكفل توضيح ماهية الدور الذي يراد لمشروع الحكومة الإلكترونية أن يؤديه في حياة الأفراد والمجتمع والمنظمات والدولة ككل .

وإذا ما تحققت الرؤية الواضحة فإنه يمكن بناء الإستراتيجية، التي ستشكل الإطار العام والمرشد والدليل لمشروع الحكومة الإلكترونية في كل مراحله، وحتى خروجه إلى الوجود في شكل تطبيقات ملموسة، وبذلك نكون قد أوجدنا المرجعية التي تحكم هذا التوجه على كافة المستويات .

ويتطلب تحقيق ذلك العديد من الخطوات التفصيلية وهي :

١٥٨ تشكيل جهة عليا تتولى وضع الإستراتيجية لمشروع الحكومة الإلكترونية على المستوى الوطني .

حيث تحتم الحاجة والمصلحة العليا وجود جهة ذات مستوى إداري رفيع على مستوى الدولة، تحتضن أنشطة المعلوماتية وترعاها وتنميها وتطورها وتجمع شتات قطاعاتها وتنظمها، ويتضمن ذلك تنظيم التعاملات الإلكترونية على المستوى الوطني

ويدخل ضمن اختصاص هذه الهيئة العليا وضع الاستراتيجيات والخطوط العريضة التي توضح رؤية الدولة تجاه التحول نحو التنفيذ الفعلي لمشروع الحكومة الإلكترونية، بما يضمن توحيد الجهود والطاقات لكل قطاعات وأجهزة الدولة، من خلال سياسات وخطط موحدة لها طابع التكامل والتعاضد، خاصة في ظل تعدد وتداخل أوجه وخدمات مثل هذا المشروع مع كافة أنشطة الأجهزة الحكومية والمجتمع في آنٍ واحد .

١٥٩ وضع الخطط الفرعية لمشروع الحكومة الإلكترونية .

تنبثق من الاستراتيجية العامة خطط متعددة تهتم بكافة جوانب مشروع الحكومة الإلكترونية، وذلك وفقاً لاحتياجات وظروف كل دولة .وتعد هذه الخطط هي الجانب الأكثر تفصيلاً الذي يوضح كيفية تنفيذ الاستراتيجية العامة لمشروع الحكومة الإلكترونية، من حيث الوقت الزمني، والإمكانيات المادية والبشرية، والأهداف المقصودة، ومعايير الإنجاز .ويفترض أن تشكل تلك الخطط إطاراً تكاملياً على المستوى الوطني، لتنصهر في بعضها كخطة واحدة تمثل ترجمة لكيفية تطبيق الاستراتيجية الموضوعة سلفاً .

١٦٠ الاستعانة بالجهات الاستشارية والبحثية للمشاركة في الدراسة ووضع الخطط .

يتعلق مشروع الحكومة الإلكترونية بكافة مصالح الدولة والمواطن، وهو بهذا يدخل في مجالات وتخصصات علمية عديدة فرعية، فضلاً عن كونه مشروعاً إدارياً تطبيقياً ذو أبعاد تقنية وسياسية واقتصادية واجتماعية .كل ذلك يفرض أن يكون للجهات العلمية والبحثية ذات العلاقة مشاركة فعالة في مشروع الحكومة الإلكترونية بكافة مراحله كمتطلب حتمي لا مفر منهن وأن لا يكون هذا المشروع حكراً على شريحة معينة في القطاع الحكومي، لما سيتبع ذلك من معوقات وعقبات قد تحد من تحقيق المشروع بالكامل .

١٦١ التكامل والتوافق بين المعلومات المرتبطة بأكثر من جهة حكومية أو أهلية .

يحتاج مشروع الحكومة الإلكترونية لوضع الخطوات السابقة موضع التنفيذ، أن تكون المعلومات التي يحتاجها القائمون على المشروع متوفرة ومتاحة بيسرـ وسهولة . وبالرغم من أن ذلك أمر ضروري لوضع الاستراتيجيات والخطط، إلا ان النجاح في هذا الصدد يتطلب الإحاطة بقدر كبير من المعلومات حول كل ما يتعلق بهذا المشروع العملاق . ومن جانب آخر يجب أن يقوم مشروع الحكومة الإلكترونية على تحقيق وتفعيل التكامل المعلوماتي على مستوى الدولة ككل عند البدء بتطبيقاته .

١٦٣ تحديد منافذ الحكومة الإلكترونية، أي البوابة الحكومية الموحدة على شبكة الإنترنت .

يجب أن تحدد بوابة الدخول الموحدة للحكومة الإلكترونية (Government Portal) والتي تعتبر بمثابة موقع موحد لجميع وزارات وهيئات الحكومة باختلاف تخصصاتها، بحيث يتم عرض الخدمات بما يناسب المستفيد، ويستخدم لهذه الغاية القنوات التي تتناسب مع التقنية المتاحة للدولة وتتناسب مع الحجم المتوقع للمستخدمين، وجرت أغلب الحكومات على استخدام شبكة الإنترنت كبوابة خاصة للحكومة الإلكترونية، كونه يوجد دول تعتمد على شبكة الجوال أو شبكة الهاتف، ويمكن استخدام علم المحتويات لتصميم الموقع الموحد، بشكل يوائم متطلبات المستفيدين وطبيعة المجتمعات والبيئات الإدارية والحاجات الاقتصادية، مع الاهتمام بالبساطة في الموقع وتركيز الخدمات .

١٦٥ الاستعانة بالقطاع الخاص لتنفيذ بعض من مراحل المشروع، أو المشاركة في بعضهان بما يتمتع به من إمكانيات وحرية إجراءات .

يشكل القطاع الخاص المتمكن من التقنية المعلوماتية عاملاً هاماً لنجاح الحكومة الإلكترونية، وذلك من خلال خلق قطاع تقني وطني حقيقي، وتوطين التقنية من خلال تدريب وتجهيز الكفاءات الوطنية التي لديها القدرات اللازمة لإدارة وتشغيل التدفق

المعلوماتي، ويتعاضد القطاع الخاص مع اقتصاد الدولة في توفير الأدوات الضرورية لإنشاء الحكومة الإلكترونية، من استثمارات في المجال التقني أو الكادر البشري، والقدرة على توفير التقنيات المناسبة واستقطاب أكبر شريحة من المجتمع نحو التقنيات المعلوماتية .

ونظراً لطبيعة القطاع الخاص المرنة من حيث القدرة على التغيير ومواكبة المستجدات والتطور، واستهدافه للعميل بشكل رئيسي مع حيازته للخبرات في المجال التقني المعلوماتي فإن تعاونه مع القطاع العام يُعد أمراً في غاية الأهمية .

ثانياً -تكوين البنية التحتية المعلوماتية Construction of information infrastructure

تعتبر البنية التحتية المكون الطبيعي الملموس لمشروع الحكومة الإلكترونية، الذي لا يمكن قيام المشروع بدونها، وتتمثل في مجموعة من المكونات المادية والبشرية التي يمكن من خلالها تنفيذ التطبيقات الإلكترونية للأجهزة الحكومية.()

وترتبط تلك البنية التقنية بالمعلومات ارتباطاً جذرياً، كون المنظمات المختلفة في الدولة تعتمد في تسيير أعمالها على المعلومة في أية صورة كانت مكتوبة، مسموعة، مصورة، مرئية(، وذلك في العمل الورقي التقليدي، وقد تزايد هذا الاعتماد على المورد المعلوماتي، بل وازداد بشكل مذهل بإدخال التقنيات على أعمال المنظمات، مما جعل عبارة التقنية وعبارة المعلومات متلازمتين عند التحدث عن تقنيات العمل الإداري الحديث .

ولذلك لن نخوض في تقنيات المعلومات الإدارية أو التقنيات المعلوماتية بمفهومها الواسع -تم شرحها في مواضع سابقة -بقدر ما نؤكد على أن توفير الأنظمة المعلوماتية

الإدارية في مختلف المنظمات، هو عنصر أساسي ومتطلب هام لتحقيق مشروع الحكومة الإلكترونية، أي تحقيق مطلب الإدارة الإلكترونية على مستوى المنظمة كخطوة أولية .

يعتمد تحقيق مطلب الإدارة الإلكترونية على مستوى المنظمة في الجانب التقني، وعلى توفير نظام معلوماتي إداري إلكتروني .ويمكن تحقيق ذلك عن طريق عنصرين :

تجهيزات الحاسب الآلي Computer equipment:

يجب توفير كل التجهيزات اللازمة المتعلقة بالحاسب الآلي وأن تكون متاحة للأجهزة الإدارية لتتمكن من الدخول لمشروع الحكومة الإلكترونية .وتشمل هذه التجهيزات ما يلي :

- المكونات المادية وتتمثل في أجهزة الحاسب الآلي،

- بمختلف أنواعها وقدراتها،

- إضافة إلى الأجهزة المساندة لعمل الحاسب الآلي أو الملحقة به،

- والتي تعتبر مهمة وضرورية ليمكن الاستفادة من قدرات الحاسب الآلي كأجهزة الإدخال أو الإخراج بمختلف أنواعها .

- المكونات الفكرية وتشمل نظم برامج التشغيل ونظم برامج التطبيقات .

- المكونات البشرية وتشمل العاملين في قسم الحاسب الآلي من مشغلين ومبرمجين ومحللي نظم ومهندسين إلى غير ذلك من التخصصات اللازمة لعمل وحدات تقنيات المعلومات،

- كذلك العاملين خارج تلك الوحدات والذين ترتبط أعمالهم بالتقنية المعلوماتية مباشرة أو سيتم ربط أعمالهم بها مستقبلاً .وفي كل الأحوال يجب أن يكون لدى كل

الموظفين القدرة على التعامل مع الحاسب الآلي لأن عملهم سيعتمد عليه بكشل شبه كلي ضمن مفهوم الحكومة الإلكترونية .

- مستلزمات البنية التحتية لأعمال الحاسب الآلي داخل مبنى المنظمة مثل :(المواقع المكانية،

- التوصيلات السلكية،

- الأجهزة المساندة،

- الطاولات الخاصة بالحاسب وغير ذلك)عبد السلام وآخرون،

- ١٤،٦ هـ .(٢٥٥ :

أنظمة المعلومات :Information Systems

وهي التطبيقات التقنية لأنظمة المعلوماتية)نظم المعلومات الإدارية (وتشمل :

- نظم تشغيل البيانات .(Data Processing System)

- آلية المكاتب)ميكنة المكاتب .(Office Automation)

- نظام إدارة قاعدة بيانات أو قاعدة البيانات .(Data Base)

- نظام المعلومات الإداري .(The Management Information System)

- نظم دعم القرارات .(Decision Support System)

- الذكاء الصناعي أو نظم الخبرة .(Expert System)

ويمكن تحقيق النظام المعلوماتي الإلكتروني للمنظمة دون وجود كل هذه المكونات بشكل مستقل، وذلك بوجود نظام معلوماتي إلكتروني منفرد ولكنه يتميز بشمولهن لكل تطبيقات الأنظمة السابقة وبالتالي يحقق أهدافها .

ولا تكتمل البنية التقنية بوجود تقنيات العمل الإلكتروني في المنظمات فقط، بل لا بـد مـن وجـود روابـط إلكترونية، تتيح التواصل بين مختلف أطراف العمل الإلكتروني من منظمات وجمهور وأطراف تنظيميـة مسـتفيدة، حتى تكتمل الحلقة على المستوى الجغرافي المستهدف، وهو الدولة ككل في ظل تطبيقات الحكومة الإلكترونية .

لهذا يجب تهيئة بنية تقنية قادرة على توفير هذا الربط الإلكتروني، وتتمثل في العناصر الآتية :

أجهزة الاتصالات :Communication equipment

والتي تعد العمود الفقري لتنفيذ العمل إلكترونياً، لقيامهـا بـدور نقـل المعلومـات وتبادلهـا عـبر المواقـع المختلفة .

وتتكون من عنصرين رئيسيين وهما :

- أقنية أو وسائل الاتصال .Information community
- أجهزة التحكم بالاتصال .Communication control devices

شبكات الربط الإلكتروني :Computer Network

وتتمثل في شبكة الإنترنت Internet، شبكة الإسكترانت Extranet، شبكة الإنترنت .Internet

الخدمات المساندة :Supporting services

وتتمثل في خدمات ذات طبيعة خاصة ترتبط بالمعلوماتية الحديثة ويندرج شمنها الآتي :

- مواقع شبكة الإنترنت Wep Site: تنفذ الأعمال إلكترونياً عن طريق شبكة الإنترنت،

- ويتم عبرها تلبية متطلبات المستخدمين الإدارية أو التجارية او غير ذلك من الخدمات التي يحتاجون إليها عبر مواقع الويب الذكية التي تستجيب لمتطلبات المستخدمين وفق إجراءات ذكية. وبالتالي يجب أن يتسم الموقع الحكومي على شبكة الإنترنت بعدة سمات أساسية وهي: التكامل،

   - المركزية،

   - البساطة،

   - الخدمات الذاتية،

   - المشاركة،

   - الاتصال المستمر،

   - تعدد القنوات،

   - البداهة،

   - الذكاء .

وقد يكون لدى الأجهزة الإدارية مواقع خدمات مرتبطة بشبكة الإنترنت يتم عن طريقها تلبية احتياجات المستخدمين، وعادة ما تحتوي على وسائل الإدارة متطلبات المستخدمين ووسائل لتقديم الخدمات التي تستجيب لهذه المتطلبات والتي من ضمنها مواقع الويب، ويتم تلبية متطلبات النفاذ العام إلى شبكة الإنترنت أو النفاذ الخاص إلى المواقع الخاصة على نفس شبكة الإنترنت أو إلى شبكة خاصة حسب نظام وإجراءات معينة يتم وضعها لذلك .

- البريد الورقي :Paper mail يعد الاهتمام بتوفير الخدمات المساندة ضرورة ماسة لدعم تطبيق الحكومة الإلكترونية بشكل خاص والتعاملات الإلكترونية بشكل عام والتي يندرج ضمنها :

- خدمات البريد الورقي حيث يجب تحسين خدمات توصيل الطرود والإرساليات البريدية،

- ليمكن تحسين عمليات التبادل الورقي للمستندات والأوراق اللازمة للخدمة،

- والتي تتم بين الإدارة أو الجهاز الإداري من جهة وبين المستفيد من الخدمة من جهة أخرى .

- الاهتمام بتحديد عناوين المواقع الحكومية والتجارية والسكنية،

- ليمكن توصيل البريد بيسر وسهولة،

- مما ينعكس على نتائج الخدمة البريدية وبالتالي المساعدة على تطبيقات العمل الإلكتروني)الحسني، ١٤٢٢هـ : ١٥(.

ثالثاً -تحقيق التحول التنظيمي Achievement of organizational transformation:

إن الانتقال بالأجهزة الحكومية من الإجراءات التقليدية المتبعة حالياً إلى تطبيقات الحكومة الإلكترونية يحتاج إلى جهود حثيثة والكثير من الصبر، ومن المستحيل أن يتم التحول إلى نموذج الحكومة الإلكترونية في خطوة واحدة، بل يجب اتباع عدة خطوات مترابطة ومتلاحقة تشكل في مجملها تحولات للعملية الإدارية، بحيث يتم تطوير العمل الإداري ضمن إطار تكنولوجي .

وتحتاج الأجهزة الحكومية إلى خطوات متعددة تأخذ صفة التحولات الجذرية للتحول لتطبيقات الحكومة الإلكترونية، والتي قد تتعلق بعدة جوانب رئيسية وهي :

*الدعم والمساندة من قبل المستويات الإدارية العليا :

تؤدي القيادة دوراً جوهرياً في كـل أعـمال ونشـاطات المـنظمات، وينـدرج ضـمن ذلك توجيـه مشـروع الحكومة الإلكترونية، وذلك من خلال وقوعها في مجالين قياديين هامين على قمة الهرم الإداري .وهما كما يلي :

القيادة السياسية :وهي التي تتولى وضع السياسات العامة للمـنظمات الحكوميـة، وتحديـد الخطـوط العريضـة الاستراتيجية لها، والتي يفترض انطلاق مبادرة تطبيق مشروع الحكومة الإلكترونية من قبلها، كمتطلب هـام لنجـاح التحول للتطبيقات الإلكترونية .(Wenbo, ٢٠٠٢)مع الأخذ في الاعتبار الأبعاد المختلفة للمجتمع المستفيد، وبذلك تظهر درجة حسم القيادة وقدرتها على تجنيد كافة الطاقات وحشدها، مما يعكس واقع التزام قمـة الهـرم بالمضي- قدماً في المشروع، وما يتبع ذلك من التزام يسري لقاعدة الهرم الإداري .

القيادة التنفيذية :وهي التي تتولى وضع السياسات العامة للمنظمات موضع التنفيـذ، ويقـع عـلى عاتقهـا هنـا أن تضع مشروع الحكومة الإلكترونية -كسياسة عامة -في نطاق التنفيذ الفعلي وذلك بـأداء عـدة مهـام كتحديـد الأدوار، ومتابعة سير العمل، والتوجيه واتخاذ الخطوات التصحيحية، والتأكد مـن دفـع التغييرات اللازمـة، لترجمـة الخطط المرسومة إلى واقع ملموس، وتتبع أداء الظرف الزمني لتنفيذ الخطة المرسومة .

تهيئة الكادر البشري في بقية المستويات الإدارية :

تهيئة التنظيم الإداري بما يتضمنه ذلك من عمليـات متعـددة، لجعـل الأجهـزة الإداريـة الحكوميـة تـؤدي خدمات ووظائف الحكومة الإلكترونية، بما يتناسب مع تطلعات ذوي

العلاقة بتطبيقاتها سواءً المستفيد أو الجهاز الإداري ذاته، تحتم إحداث تغييرات جذرية في التنظيمات الإدارية القائمة للتوافق مع ظروف المشروع الإلكتروني .

وبما أن هذا التحول لن يلغي العنصر البشري، حيث لن تحل الآلة محل الإنسان، أو تلغي دوره لأنه هو الذي سيسيرها كما اخترعها من قبل، فإن هذا يتطلب موظفين وعاملين متقلبين لفكرة الحكومة الإلكترونية وأعين بأبعادها وقادرين على العطاء من خلالها .ولن يقتصر ذلك على موظفين من نوعيات متخصصة فنية جديدة)المتخصصين في تقنية المعلومات (قادرة على التعامل مع الوسائل التقنية الحديثة، بل يجب أن يكون جميع الموظفين قادرين على نقل هذا التحول بعقليات إدارية جديدة .

وبالرغم من أن الحكومة الإلكترونية لن تلغي الموظفين ولكنها ستحمل في طياتها تغييرات كبيرة في المفهوم الإداري والفني للموظف العام، وهذا يسحب على كل عمليات إدارة الموارد البشرية .ولهذا يجب أن نحقق لديهم القدرة والحماس -وليس مجرد الرغبة -للعمل على إنجاح التحول من الإدارة التقليدية إلى تطبيقات الحكومة الإلكترونية، وأن يكون لديهم الاستعداد النفسي والذهني للعمل بنجاح .

***إعادة هندسة العمليات الإدارية الحكومية أسلوب الهندرة:**

التحول إلى العمل الإلكتروني عملية معقدة جداً، تتطلب تحويل العمليات القائمة ونظم تكنولوجيا المعلومات لتتناسب مع الاستراتيجيات الجديدة للعمل كندرسلي، .(٢٠٠٢:١٠وتعد تطبيقات الحكومة الإلكترونية من أبرز عوامل الدفع القوي لاتباع أسلوب إعادة هندسة نظم العمل، لكي تتمكن المنظمة من التوافق مع المحيط المتغير في كافة المجالات)العامن، ١٤٢٤هـ .(٨ :

ولذلك يجب تحقيق مطلب إعادة هندسة العمليات **Business Reengineering**في المنشآت والذي يعني "الوسيلة الإدارية المنهجية التي تقوم على إعادة البناء التنظيمي

من جذوره، بالاعتماد على هيكلة وتصميم العمليات الأساسية، بهدف تحقيق تطوير جوهري وطموح في أداء المنظمة يكفل، سرعة الأداء وتخفيض التكلفة وجودة المنتج" "السلطان، ١٤٢١هـ .(٤٥ :

ويمكن تطبيق هذا النهج التغييري وفقاً للظروف التنظيمية التي تحكم كل دولة أو محيط جغرافي معين، مع الاسترشاد بعدة مبادئ عامة تمثل منهجية تتابعية للتطبيق وهي : [)]

١   مرحلة التصور ووضع الرؤية .

٢   مرحلة التشخيص والتحليل .

٣   مرحلة إعادة التصميم للعمليات الإدارية .

٤   مرحلة التطبيق الفعلي .

وهناك عدة أنشطة مقترحة لتحقيق إعادة تصميم العمليات وهي :

الأول :تعريف الخدمات الحالية وما هي المنظمات التي تقدمها .

الثاني :الوصف التفصيلي لكل الخدمات الحالية المقدمة .

الثالث :تحديد العلاقات الإجرائية بين المنظمات على المستوى الحكومي، وبيان مدى تداخلها بالتفصيل .

الرابع :الشروع في إعادة تصميم)هندسة (العمليات الإدارية وفقاً لتطبيقات الحكومة الإلكترونيةز

الخامس :توثيق تفاصيل الإجراءات الجديدة الناتجة من ذلك، وإتاحتها لكل الأطراف من منظمات ومستفيدين .

ويتضح من هذه الأنشطة أنها لم تخرج عن مدلولات المبادئ الإرشادية، وبالتالي يعد أسلوب الهندرة مطلباً هاماً لمواءمة العمليات الإدارية مع متطلبات تحولات الحكومة الإلكترونية، وذلك حسب ظروف ومعطيـات واقـع كل مجتمع ودولة .

تكييف عناصر البناء التنظيمي :

تتكون المنظمة من عدة عناصر متنوعة ومتداخلة، وذات اعتمادية متبادلة، لتكون البيئة الداخلية لها، التي يجب تهيئتها لتقبل متطلبات الحكومة الإلكترونية .

ويمكن أن يتم التركيز في عملية التهيئة على أهم تلك العناصر، التي تشكل منعطفاً رئيسياً في قدرة المنظمة على مواكبة هذه المرحلة، وهي :

تحقيق تغييرات في الثقافة التنظيمية ليمكن استيعاب مفردات العمل الإلكتروني)كندرسلي، ٢٠٠٢م. (٢٨: لكي تصبح العمليات ذات الطابع الإلكتروني ومعطياتها أحد مكونات ثقافة المنظمة، وهذا يجنب المنظمة القوى الجامحة للتغيير ويحفزها لتقبل ما تفرضه مرحلة التحول للحكومة الإلكترونية، وبالأخص إذا مات تبني استراتيجية ذات طابع تعاوني).(Wait, ٢٠٠٢) ومن المستبعد أن يدخل العمل الإلكتروني ضمن الثقافة التنظيمية بتمازج تام في هذه المرحلة، ولكن المهم أن يكون من ضمن عناصر ومكونات تلك الثقافة كخطوة أولية، وفي مراحل تالية سيأخذ مكانه الطبيعي في ثقافة المنظمة بعد إزاحة أو إضعاف تلك العناصر غير المتوافقة مع مفهوم الحكومة الإلكترونية .

إحداث التغييرات المناسبة في الهيكل التنظيمي وما يرتبط به من عناصر أخرى كالاتصالات وتبادل المعلومات، المهام والمسئوليات، الصلاحيات والعلاقات الأفقية والرأسية ...إلى غير ذلك .

ومما لا شك فيه أن مفهوم الحكومة الإلكترونية سيحمل في طياته تحولات هائلة في بناء الهيكل التنظيمي .فيمكن أن يتم استحداث، أو إلغاء، أو دمج، أو تفتيت وحدات أو مستويات إدارية، وما سيتبع ذلك من تغييرات في العناصر المرتبطة ببناء الهيكل المشار لها آنفاً .ويفترض أن يتك كل ذلك وفق حاجات ومتطلبات كل منظمة وكل مجتمع ونطاق جغرافي .

رابعاً -تهيئة الأنظمة والتشريعات Constitutions and laws:

تحتاج الحكومة الإلكترونية إلى استعداد تشريعي متكامل، كون تطبيقاتها تتضمن إجراءات جديدة ستؤدي إلى نسف الكثير من الإجراءات الحكومية المستقرة، والتي وضعت القوانين والتشريعات على ضوئها وللتعامل معها .

ولا بد أن تندرج كل الأعمال مهما كانت تحت مظلة الشرعية القانونية، والتي تتمثل في النصوص الدستورية والقانونية واللائحية، وتبنى على أساس قانوني وإلا فقدت شرعيتها .

ولذلك يتوجب على الحكومات أن تقوم بعملية مسح وتمحيص شامل لكل الأنظمة والقوانين لديها، بغرض تحقيق عدة أهداف)الروابدة، ٢٠٠٣:٤م(، وهي :

إعطاء المشروعية للأعمال الإلكترونية الخاصة بالحكومة الإلكترونية، بتحديد المباح، والمحرم منها، والعقوبات المفروضة .

تحقيق سهولة الوصول إلى المعلومات، ووضوح الإجراءات التي تحكم هذه العملية .

تحقيق الأمن الوثائقي، وخصوصية وسرية المعلومات .

تحديد معايير ثابتة وشفافة لجميع التطبيقات الإلكترونية .

إعطاء مشروعية لاستعمال الوثائق الإلكترونية، كإثبات الشخصية إلكترونياً، واستخدام التوقيع الإلكتروني والبصمة الإلكترونية ...إلى غير ذلك .

تسهيل التعاملات الإلكترونية، كالمعاملات المالية الإلكترونية، وعمليات البيع والشراء الإلكترونية، والبريد الإلكتروني . وتتعلق بتطبيقات الحكومة الإلكترونية .

ويمكن أن يتم تحقيق الإصلاح التشريعي أو الثورة التشريعية، كمقوم أساسي وهام لمشروع الحكومة الإلكترونية، بما يتوافق مع الأهداف السابقة، من خلال عدة خطوات رئيسية وهي :

تشكيل هيئة مستقلة، تتمتع بالمؤهلات المناسبة، والصلاحيات الكافية، لكي تتولى مهمة تهيئة التشريعات والقوانين ذات العلاقة بتطبيقات الحكومة الإلكترونية .

إجراء عملية المسح القانوني لكل الأنظمة والتشريعات، للخروج بإطار محدد حول القوانين والأنظمة التي لها علاقة أو ارتباط بتطبيقات الحكومة الإلكترونية .

مراجعة وتنقية تلك المفاهيم والأطر التشريعية التي ترتبط بالمعاملات الإلكترونية، والعمل على تعديلها أو استبعادها إذا لزم الأمر .

ومما يندرج ضمن ذلك :القانون الإداري كمفهوم القرار الإداري وأركانه، والعقود الإدارية، قوانين الوظيفة العامة .والقانون الجزائي كحماية المعاملات الإلكترونية وتجريم الجرائم الإلكترونية، والقانون المدني والتجاري فيما يتعلق بالمسئولية وقواعد الإثبات، والغش التجاري وحماية المستهلك .والقانون الدولي الخاص كحالة تشعب الأطراف .وكذلك النصوص الخاصة بالحقوق والحريات العامة .والنصوص الخاصة بنظم الحكم والجانب السياسي والدستوري .

استنباط قواعد ومفاهيم قانونية وتشريعية جديدة كلياً .

من الضروري إيجاد مفاهيم قانونية جديدة بسبب ما طرأ من معاملات جديدة، استحدثها النظام الإلكتروني الجديد .وقد ظهرت مصطلحات جديدة، كانت من السابق بعيدة عن المجال القانوني، كالأتمتة والتي يقصد بها التصرف أو الإجراء الذي يؤدي كاملاً بواسطة البرنامج الإلكتروني، وكذلك التوقيع الإلكتروني، والنقود الإلكترونية، وخلاف ذلك مما يمكن أن يستجد في مساحة التعاملات الإلكترونية .وفي نفس السياق يفترض استحداث تشريعات عقابية جديدة لمكافحة الجرائم ذات الطابع الإلكتروني)الباز، ٢٠٠٣م .(١٤ :

*تدريب وتعليم القائمين على الشئون القانونية والتشريعية ومن في حكمهم، على المستجدات في العالم الإلكتروني، مما لم تعدهم الجامعات له .

يجب أن تساير تلك العملية التدريبية والتعليمية التطور والتغير المتسارع في التطبيقات التقنية، ولذلك يجب التدريب على التشريعات الجديدة المتوافقة مع تطبيقات الحكومة الإلكترونية، وعلى المستجدات في عالم التعاملات الإلكترونية والتي قد تحتاج إلى تطوير أو إصلاح تشريعي .

وينبغي أن تغطي عملية المراجعة والاستعداد التشريعي كل جوانب الحكومة الإلكترونية وتطبيقاتها المختلفة .وعلى ذلك سيكون لزاماً النظر إلى تلك العملية من منظورين وهما :

المنظور الكلي أو الشامل :ويغطي كافة النشاطات الإلكترونية التي يتم إجراؤها بين مختلف الأطراف التي تتعامل مع التطبيقات الإلكترونية .

المنظور الجزئي :ويتعلق بالأنظمة واللوائح الداخلية للمنظمات التي تطبق التعاملات الإلكترونية .والتي يفترض أن تساعد على القضاء على الاجتهادات والتباين في التفسير، وتساعد كذلك على تطويرها وتحديثها في المستقبل حسب ما يستجد في مجال المعاملات الإلكترونية .

ويجب مراعاة عدة أمور أثناء إجراء المراجعة التشريعية لضمان فعاليتها وهي :

١) شمولية الأنظمة لجميع أنشطة ومجالات عمل المنظمة .

٢) استقرارها ووضوحها مما يدعم التطبيقات الإلكترونية .

٣) أن تكون الأنظمة مرنة بالقدر الكافي، بما يدعم ويعزز التحديث والتطوير دون تعقيد أو تأخير .

٤) إعطاء الوقت الكافي لدراستها وتحليلها قبل اعتمادها .

٥) ضمان مشاركة المختصين في إعداد مشاريع تغييرات الأنظمة .

٦) أن تكون سهلة الفهم والتطبيق للمنفذ والمستفيد)السبيل، ٢٠٠٣م .(٩ :

خامساً -تحقيق الأمن والموثوقية المعلوماتية :Security and authentication

تعتبر مسألة أمن المعلومات من أهم معضلات العمل إلكترونياً، التي يجب الاهتمام بها وتضمينها كجزء من البيئة التقنية، ولذلك يجب تحقيق أمن نظم المعلومات، ووضع نظم ذاتية الرقابة قدر المستطاع **(Standing,** ٢٠٠٠.) بمعنى توفير أمن المعاملات والوثائق، التي يجري حفظها وتطبيق إجراءات المعالجة أو النقل عليها إلكترونياً لتنفيذ متطلبات العمل، ويعتبر ضعف الأمن في مجال العمل إلكترونياً ضعفاً للثقة، مما يتطلب توفيرها ضمن الأنظمة الإلكترونية ومستخدميها والبيئة الحاضنة أيضاً)بكري، ٢٠٠٢م .(٨ :

حيث نجد أن سلوكيات الإنسان في ظل تطبيقات الحكومة الإلكترونية، التي تعتمد في عملها على المورد المعلوماتي بشكل جوهري، قد تطورت لتشكل تحديات أمنية جديدة، وذلك باكتساء الجريمة بثوبها المعلوماتي، حيث شكلت المعلومات بيئة جديدة للجريمة وإن بقيت أسباب الجريمة ذاتها)شخصية، مؤسسية ...الخ .(

ففي ظل عصر الثورة المعلوماتية التي ولدت الأداء الرقمي للأعمال التنظيمية في صورة تطبيقات الحكومة الإلكترونية، فإن المعلومات قد أصبحت من أهم ثروات الأفراد والمجتمعات بل والدول .مما أدى إلى جود مهددات عدة لذلك المورد الهام والتي تدخل ضمن عدة أشكال رئيسية هي :

١ التهديد بالاضطراب في تدفق المعلومات .

٢ التهديد باستغلال المعلومات الحساسة، والسرية، والملكية المعلوماتية .

٣   التهديد بانتقاء المعلومات لتحقيق أغراض غير شرعية مختلفة ومتعددة .

٤   التهديد بتدمير المعلومات، أو تدمير مكونها البنيوي التحتي .

ونتيجة لذلك فقد انبثق في العصر الحاضر الذي يعتمد على تقنيات المعلوماتية مفهوم الأمن المعلوماتي على المستوى الوطني ويعني "الإحساس المجتمعي الفعلي والتخيلي بعدم وجود و /أو تأثير التهديدات الطبيعية والافتراضية، لبنى المجتمع المعلوماتية، وخاصة الحساسة منها، في جوانبها المختلفة، سواءً كان مصدرها داخلي أو خارجي، وتستدعي التأهب و /أو الفعل الجماعي و /أو التأهب والفعل الرسمي لمواجهتها" (بداينة، ٢٠٠٢م : ٢٩).

ويرتكز تحقيق الأمن المعلوماتي على نجاح آلية التوثيق الإلكتروني، التي يجب أن تعتمد في الأساس على بيئة تقنية قابلة للاستخدام من قبل المنظمات (Barry, ٢٠٠٢). وهناك عدة عناصر حتمية ليمكن تحقيق ذلك، وهي :(Ghoul, ٢٠٠١)

التوثيق أو التحقق من المستخدم : بمعنى التأكد من أن الأطراف المشتركة في العملية هم نفس الأشخاص المعنيون .

التصديق : أي التأكيد على السماح بالوصول إلى المعلومات الإلكترونية للأشخاص المحللين فقط .

السرية : وتعني تأكيد عدم إفشاء المعلومات إلى الأطراف غير المصرح لها بالاطلاع على تلك المعلومات .

التكامل : وتعني تأكيد أنه لم يجري أي تعديل أو تلاعب بالبيانات أثناء نقلها، منذ اللحظة التي أرسلت فيها من المُنشئ إلى اللحظة التي وصلت فيها إلى المستقبل .

ويفترض أن توضع هذه الإجراءات ضمن دائرة التطبيق من خلال أربعة منطلقات لتغطي دائرة العمل الرقمي كما يلي :

١) دائرة العمل المحلي الخاص بالجهاز الحكومي، ويحكم نطاقها الشبكة الداخلية والتي تعرف بالإنترنت .

٢) دائرة العمل مع المستفيدين من الجهاز الحكومي، ويحكم نطاقها الشبكة الداخلية للمنظمة والعميل وتعرف بالإكسترانت .

٣) دائرة العمل العام على المستوى الوطني، ويحكم نطاقها الشبكة المحلية وتعرف بالإنترنت الوطنية .

٤) دائرة العمل على المستوى الدولي، ويحكم نطاقها الشبكة العالمية وتعرف بالإنترنت الدولية .

ولما كان ضمان أمن المعلومات يشكل ضرورة قصوى لنجاح العمل الإلكتروني، فقد كان توفيره متطلباً أساسياً ليمكن التحول لتطبيقات الحكومة الإلكترونية .وعلى ذلك أصبح توفير هذا المطلب عن طريق الآليات المناسبة، حاجة ماسة يجب توفيرها عن طريق عدة خطوات وإجراءات مترابطة مع بعضها البعض، والتي يمكن عرضها من خلال العناصر الآتية :()

١ وضع السياسات الأمنية لتقنيات المعلومات .

٢ تكوين فريق لمتابعة وتطوير المتطلبات الأمنية لقطاعات الحكومة الإلكترونية .والعمل على تحديد المتطلبات اللازمة لضمان أمن وحماية نظم المعلومات، بما في ذلك من ضمان لخصوصية المعلومات والبيانات الشخصية .

٣ وضع القوانين والعقوبات المتعلقة بالتعديات والمخالفات الأمنية في الحكومة الإلكترونية، وهذا يأتي ضمن وضع أنظمة وتشريعات خاصة بكل جوانب الاستخدامات التقنية للمعلومات، بما في ذلك نظم للمدفوعات الإلكترونية)السويل، ١٤٢٢هـ .(٥ :

٤ السعي إلى جعل أنظمة ولوائح عمل الأجهزة الإدارية على المستوى الكلي تتناسب مع متطلبات العمل إلكترونياً، والاهتمام بالتوعية ومنح الثقة للمستخدمين على أساس شخصياتهم وإمكاناتهم الوظيفية للتعامل والنفاذ للمعلومات الحساسة، واستخدام أنظمة نفاذ متعددة المستويات حسب المستويات الإدارية والأمنية المطلوبة .

٥ توجيه الاهتمام للبيئة الإدارية على المستوى الجزئي بوضع الأنظمة التي تحدد المسئوليات والصلاحيات والعقوبات المناسبة، وما يتبع ذلك من الاستعانية بالخبرات في المجالات التقنية والقانونية الدولية .

٦ اعتماد استخدام بعض الوسائل الأمنية الإلكترونية ومنها :البطاقة الذكية لإثبات هوية المواطن وكافة المعلومات المتعلقة به، استخدام التوقيع الإلكتروني في المعاملات الإلكترونية، تطبيق البصمة الإلكترونية، نظم وبرامج الحماية المعلوماتية الوقائية والعلاجية، إلى غير ذلك من الوسائل التي أوجدها العلم الحديث لمواكبة تطبيقات التقنية الرقمية .

٧ تأسيس واستخدام البنية التحتية للمفاتيح العمومية (Infrastructure Public Key)وهي عبارة عن مجموعة من هيئات التوثيق التي يوجد بينها توثيق إلكتروني متبادل، وتمثل في مجموعها الطرف الثالث أو الوسيط بين المرسل والمستقبل، وبشكل منفرد تعرف باسم هيئة التوثيق التي تقوم بعملية إصدار مفاتيح التعمية لتحديد هوية أطراف الاتصال وبالتالي القدرة على التحقق منها، والحفاظ على سرية المعلومات عن طريق التواقيع الرقمية)السويل، ١٤٢٢هـ .(٢ :وهذا سيساعد على إيجاد بيئة من

الموثوقية المناسبة والمطلوبة لإتمام المعاملات الحكومية أو التجارية على الشبكات العامة، وتوثيق جميع الأطراف المعنية بها .

سادساً -نشر المعرفة المعلوماتية: Dissemination of information Knowledge

بما أن الحكومة الإلكترونية تستهدف جميع أفراد المجتمع بخدماتها، فإن ضمان استيعابهم لهذه النقلة النوعية في الخدمات والعمل الإداري الحكومي تتطلب تهيئة المجتمع لهذا التحول، بما يمكنهم من استيعاب فوائده ومردوده الضخم، وبالتالي تفاعلهم وتعاملهم معه، لأن مقدار تكيف أفراد المجتمع مع هذا التغير يعد من أهم المعايير التي يقاس بها مدى نجاح الحكومة الإلكترونية في تحقيق أهدافها .

ويعتبر وجود المجتمع المعلوماتي أي القادر على التعامل مع التقنيات الرقمية المعلوماتية الحديثة بما يخدم مصالحه المتعددة، مطلباً رئيسياً لتحقيق مشروع الحكومة الإلكترونية. وقد ظهر هذا المجتمع في هذا العصر نتيجة تطور بنى المجتمع وانتقالها من الأرض)مجتمع زراعي (إلى الآلة)مجتمع صناعي (إلى تقنيات المعلومات)مجتمع معلوماتي(، وقد سرع توافر البنية التحتية المعلوماتية بانتقال المجتمعات النامية إلى مجتمعات معلوماتية، على الرغم من أنها غير منتجة لتقنيات المعلومات وتعتبر متخلفة في هذا المجال، إلا أن ذلك يعود إلى المشاركة الكونية في هذا العصر والتي تعتبر نتيجة لثورة المعلومانية)أبو مغايض، ٢٠٠٤م .(١٣٤٨ :

ويمتاز المجتمع المعلوماتي بأنه يركز على العمليات التي تعالج فيها المعلومات وأن المادة الخام الأساسية هي المعلومة، وذلك باستخدام)التقنية (المعلوماتية مما يولد معارف جديدة غير قابلة للنضوب .

وإذا كان وجود المجتمع المعلوماتي أمر حتمي تتجه إليه خدمات مشروع الحكومة الإلكترونية، فإنه ينبغي سرعة تحويل فئات وشرائح المجتمع إلى الاهتمامات المعلوماتية مما يجعل بدخول المجتمع ضمن مظلة المعلوماتية .ويمكن اتباع عدد من الخطوات لتحقيق ذلك)الحمادي، ١٤٢٢هـ (**Merril,** ٢٠٠٢ / ٤ :وهي :

١ إدراج التقنيات الإلكترونية كأحد المواد المقررة في المنهج التربوي والتعليمي للطلاب والطالبات على مختلف المستويات التعليمية والتدريبية .

٢ إجراء ودعم الدراسات والبحوث المتعلقة بالاستفادة من التقنيات المعلوماتية وسبل تطويرها، بما في ذلك التعريب والتشفير والبنية التحتية إلى غير ذلك من الأمور المتعلقة بالتقنية المعلوماتية .

٣ تأهيل وتدريب الكفاءات البشرية الوطنية لمواجهة الطلب المتوقع على الكفاءات المتمكنة من تقنية المعلومات، والتي ستساهم بدورها في نشر المعرفة المعلوماتية بين أفراد المجتمع .

٤ عقد المحاضرات والندوات لجميع شرائح المجتمع، وإقامة ورش العمل التي تتناول أحداث التطورات في مجال التقنيات المعلوماتية، والتي تعتبر مدخلاً لتطبيق الحكومة الإلكترونية في الأجهزة الحكومية .

٥ تبني استراتيجية توعوية شاملة، هدفها إعداد وتهيئة وتثقيف المواطن لتقبل التقنيات الرقمية، مما يحفزه للثقة والتعامل مع المعطيات والأساليب التقنية الجديدة .

٦ إطلاق برنامج الاتصال الجماهيري، الذي يلعب دوراً مباشراً في الترويج للحكومة الإلكترونية .والذي يهدف إلى رفع نسبة تبني فئات المجتمع، سواء في الأجهزة الحكومية أو خارجها، للتغيرات الجديدة .ويؤدي دور استقراء وتحليل اتجاهات ورغبات الجمهور المستفيد، وبالتالي القدرة على الوصول لكل شرائح المجتمع بالخدمات الإلكترونية التي تناسب كل شريحة .

ويعد إدراك الركائز والأسس التي يقوم عليها مشروع الحكومة الإلكترونية، الخطوة الأولى في سبيل تحقيق هذا المشروع الضخم، ويأتي بعد ذلك العمل على إيجاد تلك الأسس وتحقيقها في الواقع الجغرافي والمجتمعي والتنظيمي. وبالتالي يتضح عظم هذا المشروع الضخم ومقدار التحول اللازم لإمكانية تطبيقه، وما يحتاجه من متطلبات عديدة تتضمن أعمالاً ومسئوليات عدة، وبالتالي وجوب تضافر العديد من الجهود على كافة المستويات الإدارية، وكذلك شرائح المجتمع إذا أريد لمثل هذا المشروع أن يرى النور .

المبحث الثالث: عوامل نجاح الحكومات الإلكترونية:⁽⁾

لقد تمّ القيام بعمل كثير لمحاولة تحديد عوامل النجاح المشتركة فيما يخص الأعمال الإلكترونية، وتقترح بعض الدراسات التي أجريت في هذا المجال بأن هذه العوامل هي: قيادة إدارية عليا تحمل فكرة أن القائد هو الذي يكون بطلاً فيما يتعلق بالأعمال الإلكترونية، أي صدور المبادرات الإلكترونية من القيادات العليا في الدولة؛ والتفكير على نحو استراتيجي؛ وإعادة تخطيط العمليات من ناحية هندسية؛ والاعتمادات المالية الملائمة؛ والواقعية التي تدرك أهمية المجهود الكبير المطلوب بذله؛ والبصيرة الواسعة فيما يتعلق بدراسة القضايا، مثل الوعي المعلوماتي والقوانين والأنظمة اللازمة لضبط الحكومة الإلكترونية .

ويوجد عدد من مقومات النجاح للحكومة الإلكترونية لكي تنجح من وجهة نظر حكومية. كذلك، تمثل هذه المعلومات مورداً وإطاراً قانونياً صحيحاً، وقد اشتملت على استراتيجية واتصالات شبكية مترابطة كافية تؤدي أعمالها بكل كفاءة واقتدار .

إن ما يشكل حكومة إلكترونية ناجحة من وجهة نظر المواطنين هو تقديم جميع الخدمات العامة إلكترونياً، وإنهاء جميع الإجراءات المالية والإدارية عبر الشبكة بسرعة

متناهية، وتقديم الخدمات بأسلوب راقٍ ومتميز؛ وأهم عوامل نجاح الحكومة الإلكترونية ما يأتي :

١-إتاحة الوصول :(Access Availability)

يعد توفير سبل الوصول إلى الشكبة للمواطنين متطلباً أساسياً، ويوجد هذا مثلاً بمستوى كبير في شمال أوروبا، ولكن المستوى يقل عن ذلك كثيراً في منطقة البحر الأبيض المتوسط، بما في ذلك فرنسا، فالعديد من العائلات الفرنسية ليس لديها سبل وصول إلى الشبكة العالمية؛ وهذا مما يجعل الأوروبين يفكرون بما يسمونه التمييز الرقمي وكيف أن مجموعة من المواطنين ينعمون بخدمات الوصول للإنترنت بينما البعض الآخر لا يستطيع الوصول للشبكة، وهذا ما حدا بالحكومات الأوروبية إلى تبني برامج لإيصال خدمات الشبكة لجميع المواطنين في دول الاتحاد الأوروبي .

٢-الخدمة :(Service)

لن تؤدي الحكومة الإلكترونية وظيفتها في دول الاتحاد الأوروبي ما لم يتم تكييف الأعمال وكذلك المواطنين وفقاً للبنية الجديدة الخاصة بتقديم الخدمات، أو يتصرفون حسب المعلومات وآليات الاستجابة المتوفرة .

وجدت شركة)بي دبليو سي (العاملة في مجال تقنية المعلومات، أن المدن الألمانية ببساطة لا تعرف ماذا يريد المواطنون من الحكومة الإلكترونية (٨٩٪)من هذه المدن ليس لديها أي بيانات في هذا الخصوص، مما جعل الحكومة تطلق حملات توعية في هذا المجال، والتنويه بأهمية الخدمات الإلكترونية، ومن ثم الانطلاق في برامج الحكومة الإلكترونية .

٣-القيمة :(Cost)

قد يرفض المواطنون الحكومة الإلكترونية إذا كانت تكاليفها أكثر من الحكومة التقليدية؛ لأن أحد الأهداف الرئيسة للحكومة الإلكترونية هو الاقتصاد في التكاليف وتوفير المال والجهد على كل من الحكومة والمواطن، لذا فمن باب أولى أن تكون الحكومة الإلكترونية ذات كلفة أقل في خدماتها من الخدمات التي تقدم بالطريقة التقليدية .

٤-الثقة (Confidence):

لن يستخدم الناس الخدمات ما لم يكونوا واثقين في جدواها .وهذا يعني أن الثقة مبنية على عوامل مثل القدرة على الاستجابة والموثوقية، ومسائل تقنية واجتماعية معقدة بشأن الثقة والسرية .ولدى الحكومة الألمانية انعكاس سلبي بخصوص موضوع الشفرة المحتكرة، وهي الآن تدعم انتشار التشفير الآمن، وبناء الثقة .ونشاط الحكومة من أجل احتكار الشفرة هو لإيجاد حل وسط بشأنها، وفي مثال آخر فإن بعض الفقرات في قانون صلاحيات التحقيق بالمملكة المتحدة الذي يعطي للحكومة الحق في سبيل الوصول إلى المفاتيح قد يؤدي إلى أحداث تسبب ضرراً مفاجئاً للثقة العامة في الأعمال الإلكترونية والحكومة الإلكترونية .

٥-السرية :

جذبت سلطات حماية البيانات بكل من المملكة المتحدة وهولندا اهتمام حكومتيهما إلى ضرورة تحسين تقنية السرية، مع توفير درجة كاملة من السرية .ومن وجهة نظر المواطن الخاصة، قد تكون أفضل ممارسة للحكومة الإلكترونية هي التنفيذ لسياسة يكون بموجبها المستوى المطلوب كشفه من البيانات هو الحد الأدنى من المعلومات لإكمال معاملةٍ ما في أضيق الحدود .

وناقشت كل من هولندا وإيرلندا الاستخدام المحتمل لقواعد البيانات، وسوف يتم تخزين البيانات الخاصة بالمواطنين)بما فيها الصور، والمؤهلات، والدخل وربما السجلات الصحية (في هذه القواعد مع إتاحة سبل الوصول لهذه المعلومات فقط بموجب

الموافقة الصريحة من قبل الفردن وهذا بالطبع سوف يؤدي إلى زيادة ثقـة النـاس، لكـن إذا أخفـق النظـام، سـواءً بسبب وقوع هجومٍ ماكر أو بسبب تأمين الوصول عبر بابٍ خلفي، حينئذٍ قد تتضرر الثقة في الحكومة الإلكترونيـة، وربما يكون ذلك سبب قوي من أجل تنفيذ القانون وتعزيزه .

٦-الكشف بطريقة متوازنة :

يجب أن يكون الكشف عن المعلومات بطريقة متوازنة بين المواطن والدولة، كما يحدد القانون الهولنـدي ويقول :مطلوب من المواطنين، وفي كثير من الحالات أن يوفروا معلوماتٍ صحيحة للحكومة، وعليه تكون حيـاتهم تقريباً واضحة وصريحة .وإذا صارت الحكومة أيضاً واضحة بقـدر الإمكـان، فـإن هـذا يوسـع بدرجـة كبـيرة فـرص المشاركة والنجاح .

٧-تصرف العميل :

يجب أن يكون هناك دراسة لحالات العملاء وكيفية تصرفهم أثناء استخدامهم الخدمات الإلكترونية حتـى يمكن التنبؤ بما يريدونه من الخدمات الإلكترونية وما يمكن إضافته أو تغييره لهذه الخدمات، وقد لا يعـرف النـاس ما هي الخدمات التي يرغبون فيها من الحكومة الإلكترونية، وقد يقولون سوف نعرفها حينما نراها .ولـن تـنجح الحكومة الإلكترونية إذا لم ينجذب الناس إلى التعامل مع الخدمات الفورية عبر الشبكة، ولهذا فإنه يجب أن يسبق تقديم الخدمات الفورية على الشبكة حملات تعريفية ودعائية لإنجاح خدمات الحكومة الإلكترونية .

الفصل الرابع

التنظيم الإداري

والحكومة الإلكترونية

الفصل الرابع: التنظيم الإداري والحكومة الإلكترونية

في ظل التطورات التقنية المتلاحقة في عالم اليوم، أصبح من المهم والضروري للدولة الحديثة أن تستثمر هذه التقنيات الخاصة بالاتصالات والمعلومات في تطوير نظمها الإدارية، وكذلك وسائل وأشكال تقديمها للخدمات العامة .وقد تصادف ذلك في أعقاب سلسلة من التطورات التي لحقت بدور الدولة أصلاً وبوظيفتها منذ عهد الدولة -الحارسة -قديماً وحتى عهد الدولة -المتدخلة -بالأمس، والأكثر تدخلاً اليوم .()

من ناحية أخرى فإن هذه التطورات لحقت هي الأخرى بالأساليب التي يأخذ بها التنظيم الإداري في الدولة، سواء كان ذلك في أسلوب المركزية الإدارية، وأسلوب اللامركزية الإدارية، بما يشمله الأخير من لامركزية مرفقية ولا مركزية إقليمية، والثانية هي تلك التي يقصد بها الإدارة المحلية، والتي يتعاظم دورها في الوقت الحالي، ولعل التوجه نحو استثمار -التقنيات الحديثة -بالاتصالات والمعلومات وهو ما يطلق عليه الحكومة الإلكترونية، يجد أهمية خاصة له في نطاق -الإدارة المحلية -. لذلك فمن المناسب أن نبحث دور الحكومة الإلكترونية في الإدارة المحلية .

من ناحية أخرى فإن التحول إلى نظام الحكومة الإلكترونية يرتب بدوره إمكانية إدارة المرافق العامة بهذا النظام التقني الحديث، بدلاً من إدارتها بالطرق التقليدية، والتي تتسم ببطء في الإنجاز، وزيادة في النفقات ومشكلات في الأداء، مع مراعاة تطوير وتفسير المبادئ العامة التي تحكم المرافق العامة حتى تتوافق مع النظام الإلكتروني .ولعل الحديث عن إدارة المرافق العامة بنظام الحكومة الإلكترونية، قد يجد صداه في بحث الموضوعات التالية :

١ الحكومة الإلكترونية والمبادئ المرتقبة .

٢ الحكومة الإلكترونية والعقود الإدارية .

٣ الحكومة الإلكترونية وممارسة الديمقراطية .

ويرتبط بالتنظيم الإداري مسألة التنمية البشرية، من خلال إدارة وتدريب وتنمية القوى البشرية في ظل نظام الحكومة الإلكترونية، وهو ما يطلق عليه في ظل نظام الإدارة التقليدية –بالموظف العام– ذلك أن همـوم التنمية الإدارية للموظف العام لم تعد قاصرة عند حد التعيين والترقية والنقل والنـدب والتـدريب وإنهاء الخدمة والاستقالة وحقوق المعاشات والتأمينات الاجتماعية، بل يمتد الأمر لأكثر من ذلك، من خلال التطوير والنمو الـذاتي للعاملين في ظل مناخ ملائم مـن حيـث الصحة التنظيميـة، وتوسيع المـوارد البشرية اللازمة لتطبيق الحكومة الإلكترونية في الدول العربية، والتي تعد العنصر الجوهري أو الفاصل في تطبيق الحكومة الإلكترونيـة، لـذلك فمـن الملائم بحث تأهيل الكوادر البشرية لتطبيق الحكومة الإلكترونية في الدول العربية .

المبحث الأول: الإدارة المحلية الإلكترونية . ⁽⁾

في الوقت الحالي غدت الحاسبات الآلية وشبكة الإنترنـت، تتضخم يومـاً بعـد يـوم، وتغـزو حياتنا في كل المجالات رغم أنها لا تتجاوز كونها مجموعة كمبيوترات وكابلات وتليفونات، وفي بعض الأحيان تتصل ببعضها بدون أسلاك، كما صرات تغزو كل قطاعات ومجالات أنشطة الإنسان، كالأنشطة العلميـة والطبيـة، والتجـارة الإلكترونيـة وتعلم اللغات المختلفة حتى في مجـال السياحة والتسـوق والمجـال القـانوني والقضائي ومراقبـة تنفيـذ العقوبـات السالبة للحرية خارج السجن .

كذلك فقد غدا التقدم العلمي في نظم وتكنولوجيا المعلومات أمراً لازماً لتقدم السـلطة الإداريـة، وذلـك لإشباع رغبات وحاجات المواطنين على النحو الأمثل وحل جميع مشكلاتها الإدارية .

والحقيقة أن بحث فكرة –الإدارة المحلية– ضمن نظام الحكومة الإلكترونية يتطلب بحثاً لمفهـوم الإدارة المحلية في شكلها التقليدي وشكلها الإلكتروني، ودور الإدارة المحلية

في الارتقاء بالخدمات العامة المقدمة للمواطنين، وكذلك عوامل نجاح تطبيق الإدارة المحلية الإلكترونية .

المبحث الثاني: مفهوم اللامركزية الإدارية -الإدارة المحلية -

-أسلوب اللامركزية الإدارية -أحد أساليب التنظيم الإداري الذي تأخذ به الدول المعاصرة الحديثة، أياً كان نظامها السياسي والاقتصادي والإداري .

وتعرف اللامركزية الإدارية بأنها "سحب وظائف من السلطة المركزية وإحالتها لسلطة مستقلة ذات اختصاص محدد إقليمياً كان أو مصلحياً ."

وقد يقصد بها "توزيع الوظيفة الإدارية بالدولة بين الإدارة أو السلطة المركزية ذاتها، والتي تتمتع بالسلطة الرئاسية، وبين عدد من السلطات المحلية -الإقليمية -أو السلطات المرفقية -المصلحية -والمعترف لها بالشخصية القانونية، وهي ما يقصد بها "الشخصية المعنوية العامة ."

-واللامركزية الإدارية تنقسم إلى لامركزية مرفقية، حيث تسند بعض وظائف الدولة الإدارية والاقتصادية وغيرها إلى أشخاص مرفقية لها شخصيتها المعنوية كالهيئات العامة والمؤسسات العامة، أو التي تمارس إدارتها للمرافق العامة بأسلوب فني متخصص بإشراف معين من الدولة .

والنوع الثاني هو اللامركزية الإقليمية، حيث تتوزع الوظيفة الإدارية -مكانياً -بين كل من الحكومة المركزية في العاصمة وبين هيئات إقليمية منتخبة غالباً، وتتمتع بالشخصية المعنوية، والاستقلال القانوني تحت رقابة الدولة وإشرافهاز

وتلك الأخيرة -أي اللامركزية الإقليمية -هي ما يطلق عليه الإدارة المحلية **Administration Local**، وذلك هو الغالب في القانون الفرنسي بصفة خاصة،

واللاتيني بصفة عامة، وكذلك في الدول العربية، ويطلق على اللامركزية الإقليمية في دول النظام -الأنجلوساكسوني -اسم الحكم المحلي، خاصة في الفقه البريطاني .**Local Government** -

ولقد تأثرت بعض الدول العربية بذلك، فاستخدمت مصر والسودان مصطلح -الحكم المحلي -لفترة زمنية سابقة .وفيما عدا ذلك فقد جرى استعمال مصطلح -الإدارة المحلية -في الأغلب من الدول العربية .

-وتقوم اللامركزية الإدارية بصفة عامة، والإدارة المحلية -خاصة -على مجموعة من الأسس والأركانن وغياب إحداها حسبما يرى غالب الفقه الإداري قد يعني انحسار صفة اللامركزية الإدارية، وغيابها عن التنظيم المقصود .

وأهم هذه الأركان :

أولاً :استقلال الشخص الإداري الإقليمي :

معنى ذلك أنه يتمتع بالشخصية المعنوية باعتباره شخص اعتباري يتمتع بذمة مالية مستقلة وبوجود أجهزة إدارية خاصة به، وحقه في التصرف وأهلية اكتساب الحقوق والالتزام بالواجبات، كما يتميز تكوين هذا الشخص الإداري الإقليمي بأنه نتيجة الانتخاب، حسبما يرى غالب الفقه .

ثانياً :ضرورة خضوع الأشخاص اللامركزية لرقابة السلطة المركزية وتوافر نوع من الوصاية الإدارية عليها :

وذلك بهدف الحفاظ على وحدة العمل الإداري، وحماية المصالح القومية التي تمثلها السلطة المركزية . حتى وإن تنوعت مظاهر هذه الرقابة على أشخاص وأعضاء الهيئات

اللامركزية، وعلى الأعمال القانونية الصادرة عنها بصورة إيجابية، تتمثل في الموافقة والتصديق أو بأخرى سلبية تتمثل في الحلول .

ويلاحظ كذلك أن الرقابة الإدارية على الهيئات والوحدات اللامركزية تختلف في النظام اللامركزي عن السلطة والرقابة الرئاسية في النظام المركزي، فالأولى تقوم على أساس الاستقلال في إدارة المصالح الذاتية، فكأنها رقابة مشروطة ومقيدة بما ورد فيه من نص، لكن في الثانية تقوم على أساس التبعية، وخضوع المرءوس فيها للسلطة الرئاسية استناداً على فكرة التدرج الهرمي أو السلم الإداري، فالرقابة فيها غير مقيدة أو مشروطة بنص أو بغيره .

ثالثاً :وجود مصالح ذاتية مشتركة :

وهذه المصالح الذاتية المشتركة تتطلب داخل الدولة الواحدة تعدد الأشخاص المعنوية العامة داخل الدولة على المستويين الإقليمي والمرفقي أو المصلحي، والاعتراف لها بالشخصية المعنوية المستقلة والمتميزة عن شخصية الدولة، واعتبارها من أشخاص القانون العام من جهة أخرى .وهذا الأمر يدفع المشرع للاعتراف بالوحدات الإدارية المحلية أو المرفقية بالشخصية المعنوية العامة، وإصباغ الصفة العامة عليها، إما بقانون أو بالنص على ذلك في صلب الدستور ذاته نتيجة قيامها بإشباع حاجات إقليمية أو مرفقية متميزة، وتأدية خدمات عامة تهم سكان إقليم معين أو بلدية معينة مثل تغذية منطقة محددة بالكهرباء أو المياه أو الغاز أو التليفون أو غيرها .

-والحقيقة أن نظام اللامركزية الإدارية -الإدارة المحلية -قد تعرض لأوجه النقد من نواح عديدة، ذلك أن هذا النظام يسم الوحدة الإدارية للدولة، وينال منها بسبب توزيع الوظيفة الإدارية فيما بين السلطات المركزية في العاصمة وبين الهيئات المحلية في الأقاليم، ومن جهة أخرى يؤدي هذا النظام -في بعض الأحيان -إلى التناحر والتنافر بين

الهيئات المحلية المختلفة، سيما لو كانت هذه الهيئات من نوع واحد، وتمارس ذات الاختصاصات. كما انتقد هذا النظام على أساس أنه يؤدي إلى تغليب المصالح الخاصة للهيئات المحلية على المصلحة العامة للدولة ككل .

وقد انتقد نظام اللامركزية الإدارية كذلك من حيث أنه يفتقر إلى الكفاءات الإدارية القادرة على مباشرة مهامها، كما أن بها نوعاً من الإسراف في المال العام، وأن نظامها قد يؤدي إلى زيادة الأعباء المالية بسبب تكرار الخدمات الاستشارية والمساعدة كالشئون القانونية والشئون الإدارية على المستوى المحلي .

ومع ذلك فهناك مزايا عديدة لهذا النظام منها :

١ أنه يصادف قبولاً لدى أفراد المجتمع، إذ يتفق وتطلعاتهم الشخصية نحو المزيد من الحرية في مواجهة السلطة .

٢ يدعم الفكر الديمقراطي وينمي مبادئه في نفوس الأفرادز

٣ أنه يتفق وصالح الأفراد حيث يترك لتقديرهم الخاص مسألة توفير حاجاتهم من الخدمات .

٤ أنه يساعد على ربط أبناء الأقاليم بمجتمعاتهم المحلية، ويحد من رغباتهم المستمرة في النزوح للعاصمة .

٥ يساعد على تخفيف الأعباء عن الحكومة المركزية ويساعدها على التفرغ للمشكلات القومية .

٦ هذا النظام أقوى على مواجهة المشكلات من النظام المركزي .

٧ يؤدي إلى تجنب الروتين والبطء في إصدار القرارات من الهيئات المحلية، والتي هي أسرع استجابة إلى تحقيق ما يستلزم سير المرافق المحلية .

المبحث الثالث: الإدارة المحلية الإلكترونية

ودورها في الارتقاء بالخدمات العامة

حددنا مفهوم اللامركزية الإدارية -في نطاق القانون العام -وقلنا أن هناك من يطلق عليها نظام الحكم المحلي، وهناك من يطلق عليها في الوقت الحالي نظام الإدارة المحلية .

وأياً كان مفهوم الإدارة المحلية -وفقاً للقانون العام -فإن بلدان العالم تتجه في الوقت الحالي نحو ميكنة الإدارة، وبمعنى آخر تقديم الخدمات العامة في صورة إلكترونية على أثر التوسع في استخدام الحاسب الآلي وتطبيقاته وتقنية الشبكات ومنها شبكة المعلومات الدولية -الإنترنت .-

ويجب ملاحظة أن التحول من إدارة محلية تقليدية إلى إدارة محلية إلكترونية لا يستلزم فقط الاهتمام بالجانب التقني أي تزويد الإدارة الجديدة بالحاسبات الآلية وربطها بشبكات الاتصالات والإنترنت، ولكن لا بد من إعداد إدارة محلية سليمة وصالحة للتحول إلى إدارة إلكترونية -وبمعنى آخر، لا بد من إصلاح إداري جذري للإدارة المحلية في حد ذاتها، وهذا الإصلاح الإداري يتطلب كذلك الإصلاح التشريعي معه .

ولذلك يرى البعض أن ثمة عوامل يجب توافرها حتى ينجح نظام الإدارة العامة والمحلية الإلكترونية ومن هذه العوامل :

ضرورة وجود بنية أساسية فنية مناسبة تتمثل في توفير الحاسبات الآلية بأسعار مناسبة وشبكات الاتصال وبنوك المعلوات، وما يستلزمه ذلك من توفير شبكات الاتصالات الهاتفية بصورة جيدة، وكذلك عمليات تأمين وحماية البيانات والمعلومات والاتصالات والعمليات والوثائق الإلكترونية حيث استجد خطر جديد تمثل في جرائم جديدة إلكترونية صورتها تخريب وتدمير واختراق وإتلاف وتزوير المحررات الإلكترونية، وانتهاك سرية

البيانات والمعلومات، وذلك كله يتطلب حماية معلوماتية وحماية مدنية وجنائية وحماية التوقيع الإلكتروني وغيرها .

وعي جماهيري أو ما يطلق عليه الجمهور الإلكتروني -وليس المقصود من ذلك تحول كل أفراد الشعب إلى متخصصين تكنولوجيين، وإنما المقصود الوعي الجماهيري المناسب، الذي يعرف مفهوم الإدارة الإلكترونية ويتحمس لها، فضلاً عن إلمام الجمهور بمعلومات مبسطة عن المعلوماتية وكيفية التعامل مع الحاسب الآلي وشبكات الاتصال .

ونبحث الموضوعات السابقة في مطلبين هما :

المطلب الأول :التعريف بالإدارة المحلية الإلكترونية .

المطلب الثاني :مجال ونطاق الإدارة العامة الإلكترونية .

المطلب الأول : التعريف بالإدارة المحلية الإلكترونية

-قدمنا في الباب الأول من هذا المؤلف، تعريف الحكومة الإلكترونية، ثم تحدثنا عن تعريف اللامركزية الإدارية أو الإدارة المحلية، ويبقى تعريف الإدارة المحلية في ثوبها -الإلكتروني .-

والإدارة المحلية الإلكتروني لن تختلف تعريفها كثيراً عن تعريف -الحكومة الإلكترونية -بل تكاد تتطابق معه إن تركنا تعريف الحكومة الإلكترونية جانباً، واعتمدنا تعريف -الإدارة الإلكترونية -أو الأعمال الإلكترونية بوصف أن الهدف من الإدارة العامة المحلية في النهايةن هو تقديم خدمات للجمهور وإن كان في شكل خدمات إلكترونية .

ويرى جانب من الفقه أن عبارة -الحكومة الإليكترونية -ومنها بالطبع الإدارة المحلية الإلكترونية، تعني قيام تلك الحكومة أو الإدارة بجميع الأعمال الموكولة إليها عن طريق الإنترنت أو الإنترنت .

لكن كما قال البعض فإن الحكومة الإلكترونية لا يتصور قيامها بسلطات الدولة الثلاث التشريعية والتنفيذية والقضائية .

وهناك من أطلق عليها كذلك –الحكومة الذكية –أو حكومة عصر المعلومات –أو الإدارة بغير أوراق، وهناك من فضل تسميتها باسم –المنظمة العامة الإلكترونية وهذا يؤكد ما سبق أن طرحناه في الباب الأول من هذا المؤلف أنه لا يوجد تطابق ما بين مفهوم الحكومة الإلكترونية والحكومة وفقاً لتعريف القانون العام، خاصة القانون الدستوري .

ولذلك اتجه جانب آخر من الفقه إلى تسميتها –بالإدارة الإلكترونية –أو بمعنى آخر أدق وأشمل – الإدارة العامة الإلكترونية –وذلك تمييزاً لها عن غيرها مما يتشابه معها من إدارات وحكومات .

ولذلك فإن الإدارة العامة الإلكترونية في معناها المبسط هو "الانتقال من تقديم الخدمات والمعاملات الإدارية وغيرها من شكلها التقليدي الروتيني إلى الشكل الإلكتروني الحديث"، وبمعنى آخر ميكنة العمل في الجهاز الإداري بالدولة .

–وإن كان التعريف السابق يعكس توسعاً في الإدارة العامة الإلكترونية ذلك أنه يشمل تقديم كافة الخدمات عامة كانت أو خاصة، وسواء قام بإدارتها القطاع الحكومي أم القطاع الخاص، فإنه ثمة تعريف آخر يضيق من نطاق الإدارة الإلكترونية ويرى أنها "قدرة الجهاز الحكومي –بمختلف وحداته وأجهزته الإدارية ومرافقه العامة –على تقديم وأداء الخدمة العامة، والمعاملات والإجراءات الحكومية لجمهور المتعاملين معه، سواء كانوا من الأفراد أو الشركات، بكل سهولة ويسر عبر شبكة المعلومات الدولية –الإنترنت –من أي مكان، ودون التقيد بزمن معين .

–جانب آخر من الفقه يرى أن مفهوم الحكومة أو الإدارة الإلكترونية ينصب فقط على عمل الحكومة – كسلطة إدارية –هدفها إشباع الحاجات العامة من خلال إنشاء المرافق العامة، وإدارة هذه المرافق وتنظيمها في إطار ما يسمى بالضبط الإداري، وذلك

عندما تستخدم الحكومة وسائل الاتصال الإلكتروني لإشباع الحاجات العامة سواء كان ذلك بصفة كلية أو جزئية .

ويفرق جانب آخر من الفقه ما بين -الحكومة الإلكترونية -من جهة، وما بين -إلكترونية الحكومة - من جهة أخرى .

فالقول الأول يخالف قصد المشرع الدستوري، وهذا يؤكد وجهة نظرنا فيما سبق أن قلناه من عدم وجود تطابق بين المفهوم الدستوري للحكومة والمفهوم المعلوماتي -أي الحكومة الإلكترونية .

والقول الثاني، يحبذه هذا الجانب الفقهي، ويقصد به ميكنة الحكومة، أي استخدامها للمعطيات والأدوات التكنولوجية المتاحة من حاسب آلي وشبكات اتصال -إنترنت، إنترنت، إكسترانت -وذلك لتقديم الأعمال الحكومية .هذا مع ملاحظة أن مصطلح -الإدارة الإلكترونية أدق وأشمل -حسبما نرى، لأنه يتناول أعمال القطاع الخاص الإلكترونية إلى جانب أعمال الحكومة، سيما وأن فكرة أو مصطلح الحكومة الإلكترونية كان قد بدأ في شركات القطاع الخاص قبل أن تعتمده جهات الحكومة المختلفة .

والراجح من الفقه -ونشاطره الرأي كما سبق -يميل إلى استخدام "تعبير الإدارة الإلكترونية "وعلى نحو أدق "الإدارة العامة الإلكترونية "كمصطلح بديل عن ذلك الشائع وهو -الحكومة الإلكترونية -طالما أن المقصود هو إدارة وتقديم الخدمات العامة المعهود بطريقة ليكترونية، تتسم بالمرونة والشفافية والوضوح الإداري، وليس المقصود ممارسة سلطات الحكم وإدارة شئون البلاد بطريقة إلكترونية .

ولهذا يرى هذا الجانب الفقهي أن للإدارة الإلكترونية معنى واحد وهو "قيام الجهاز الإداري في الدولة باستخدام الوسائل الإلكترونية الحديثة، وتكنولوجيا المعلومات الرقمية، لسرعة إنجاز المعاملات الإدارية وتقديم الخدمات العامة، وقضاء مصالح المواطنين، بشئ من الشفافية والوضوح الإداري ."

المبحث الرابع: مجال ونطاق الإدارة العامة الإلكترونية

قدمنا أن أعمال الإدارة العامة الإلكترونية نشأت أولاً في القطاع الخاص، ثم تنقلت لاحقاً إلى القطاع العام والحكومي بأجهزته المختلفة من خلال تعميم العمل بشبكة الإنترنت .

ويرى جانب من الفقه -لا نتفق معه -في أن مجال الإدارة الإلكترونية محصور في نطاق محدد، هو تقديم المعلومات والبيانات فقط، ذات الطابع الوظيفي والخدمي لجمهور المتعاملين معها على شبكة الإنترنت، دون أي تعارض مع إدارة الإنسان ذاتهاز ولذلك لا بد وأن تكفل الدولة الحماية القانونية ووسائل الأمان اللازمة لنظام الإدارة الإلكترونية، وأن توفر السرية التامة لها بما يضمن للفرد الثقة الكاملة والحماية القانونية لبياناته المختلفةز

والحقيقة ومع تقديرنا للرأي السابق، فإن مجال ونطاق أعمال الإدارة الإلكترونية يتجاوز نطاق البيانات والمعلومات الذين يتعين توافرها وتوفير الحماية لهما من خلال الشبكة، لأننا بذلك نهدر سنوات عظام من جهد العلماء الذين أمكنهم اختصار آلة الحاسب الآلي، إلى جهاز صغير يمكن حمله في حقيبة السفر - **Lap top** -أو آخر في حجم كف اليدن ويؤدي ذات الأغراض في جهاز -مفكرة الكومبيوتر - **C. Note**أو الموبايل ذا الحاسب الآلي والذي يطلق عليه - "**ITM**"ونسوق أمثلة للأعمال التي تؤدى عن طريق الحاسب الآلي وشبكة الإنترنت، وهما مما لا يقع تحت حصر وذلك من خلال أبحاثنا العديدة في هذا المجال وهي :

٧ في نطاق التجارة الإلكترونية يقوم المتعاقدان بالتفاوض عن بعد -عبر شبكة الإنترنت -ويطلع كلاهما على شروط الآخر، حتى تمام التوافق على العقد وبنوده وشروطه، ويتم التوقيع عليه بشكل إلكتروني، ولا مانع من سداد قيمة أو ثمن البضاعة محل العقد عن طريق وسائل الدفع الإلكترونية سواء كانت تحويلات إلكترونية أو عن

طريق البطاقات الممغنطة أو الشبكات الإلكترونية أو البطاقات الذكية، كما يتم حماية التوقيع الإلكتروني للمتعاقدين وتأمينه والتصديق عليه من وسيط ثالث، كل ذلك يتم دون أن يرى المتعاقدان ببعضهما البعض . ولذلك لا يمكن القول أن دور الإدارة الإلكترونية في هذه المعاملات هو تقديم البيانات والمعلومات وتأمينها وحسب، ولأهمية هذه المسألة بادرت الدول بإصدار تشريعاتها لتنظيم المعاملات والتجارة الإلكترونية عبر وسائل التقنية الحديثة ومنها شبكة الإنترنت .

وفي نطاق الحكومة الإلكترونية، فقد تحولت معظم المصارف العربية إلى الشكل الإلكتروني في إنجاز معاملاتها المصرفيةن سواء تمثل ذلك في عمليات السحب أو الإيداع، أو صرف الشيكات أو التحصيل أو فتح الاعتمادات، والسماح بالائتمان لأي من العملاء، فضلاً عن تحويلات الأموال داخل وخارج الدولة، ويتم إنجاز هذه الأعمال في سرية تامة وتحت حماية فنية وتقنية عالية المستوى، سواء تمثلت في التوقيع الإلكتروني أو التشفير والتزوير وجدران النار -كبرامج معلوماتية -للحماية وغيرهاز ولذلك وفي هذا الفرض لا يمكن القول أن دور الإدارة العامة الإلكترونية قاصر على تقديم البيانات والمعلومات وحمايتها فحسب .

كذلك تقوم الجهات الحكومية وفي الوقت الحالي في الإعلان عن الوظائف الشاغرة لديها عن طريق شبكة الإنترنت، وتتلقى طلبات التوظيف على موقعها الإلكتروني، وترد على العملاء بذات الطريقةن وتقوم الجهات الحكومية كذلك بالإعلان عن تنفيذ مشروعاتها بطريق المناقصات العامة والمحلية التي يتم الإعلان عنها عن طريق شبكة الإنترنت، بل أن أعمال المزايدات تتم في الوقت الحالي عن طريق شبكة الإنترنت .

وفي مجال التسويق الإلكتروني هناك ما يسمى -بسلاسل التوريد -وأتمتة الأنظمةن حيث تقوم شبكات الحاسب الآلي لدى المصانع، والتاجر بالتخاطف مع بعضها البعض -دون تدخل بشري -بحيث يصدر أمر توريد، ويتلقاه الحاسب الآلي في مخازن المورد، ويصدر أمراً آخر للعاملين لدى المورد بالتوريد واستكمال البضاعة أو الصنف الذي هبط

معدله في مخازن التاجر -عن حد معين -كل ذلك دون أن يطلب التاجر أو يرد عليه العميل، لكنها أجهزة تخاطبت مع بعضها البعض، بناءً على تدخل مسبق من الإنسان بإعداد برامج -للحاسب الآلي -تحمل عليه، وتقبل الآثار القانونية المترتبة على هذه التصرفات .

ولهذا تتفق مع الجانب الفقهي المذكور -فقط -فيما أورده من أن إرادة الإنسان تلعب دوراً كبيراً في تحديد المعلومات التي يمكن تخزينها في ذاكرة الحاسب الآلي الخاص بالإدارة الإلكترونية، وما إذا كانت أكثر أو أقل خصوصية بما يتواءم وحياته الخاصة، ومقتضيات النظام العام والضمانات الدستورية والقانونية المقررة لحماية حياته الخاصة .

٣٠ وفيما يتعلق بأعمال البنوك كذلك، يمكن للمواطن القيام بعمليات السحب والإيداع، والشراء وسداد ثمن المشتروات عن طريق بطاقة الائتمان الصادرة له من البنك الخاص به، ويمكن له كذلك إصدار الشيكات بضمان بطاقة -الشيكات -التي تغطي هذه التصرفات، ولذلك يصعب التسليم في كل الأحوال السابقة بأن دور الإدارة الإلكترونية هو تقديم البيانات والمعلومات فحسب .

وفي نطاق الأعمال الإلكترونية للحكومة -أو الإدارة الإلكترونية، فإن فاتورة الغاز والكهرباء، والمياه تصدر من الحاسب الآلي، الخاص بجهة الحكومة المصدرة لها، وهي مقبولة في التعامل رغم عدم وجود تشريع يسبغها بالورقة الرسمية لعدم دخول قانون التوقيع الإلكتروني المصري رقم ١٥لسنة ٢٠٠٤حيز التنفيذ حتى الآن، ومع ذلك لا يمكن القول بأن الحصول على هذه الأوراق هو بمثابة بيانات ومعلومات فقط تم توفيرها عن طريق الإدارة الإلكترونية .

في الوقت الحالي فإن ميكنة العمل الإداري، سهلت أعمال الحكومة في مجالات عديدة من ذلك الحصول على بطاقة الرقم القومي، بدلاً من البطاقة الشخصية والعائلية وفقاً لقانون

الأحوال المدنية، وكذلك الحصول على كافة وثائق الحالة المدنية عن طريق الحاسب الآلي، من ذلك شهادات الميلاد والوفاة، والقيد العائلي، وغيرها من المستندات الثبوتية في شأن الحالة المدنية للمواطن، ولا يمكن القول أن دور الإدارة الإلكترونية فقط هو تقديم البيانات والمعلومات وتوفيرها .

كذلك فإنه عن طريق تقديم الحاسب الآلي وتطبيقاته وثورة الاتصالات، والاعتماد على الشبكات، يمكن للجهات الأمنية متابعة الحالة الأمنية والمرورية على مدار الساعة في أي مكان داخل الجمهورية، عن طريق الأقمار الصناعية والحاسب الآلي وشبكة الإنترنت، ومن ثم التدخل لحل الأزمات المرورية الخانقة أو حوادث الطرق، ويمكن كذلك فحص المجرمين والمتهمين وذوي السوابق عن طريق الدخول إلى قاعدة بيانات data basicالخاصة بوزارة الداخلية، وإدخال أسماء المطلوب فحصهم، وتكون النتيجة لافتة دون الاعتماد على النظام التقليدي في تسجيل وفحص المجرمين .

وفي الوقت الحالي كذلك يمكن للفضائيات والإذاعات المحلية والشبكات الإخبارية متابعة الأحداث العالمية لحظة بلحظة عن طريق البث الحي في أي مكان بالعالم، وذلك اعتماداً على وسائل التكنولوجيا الحديثة .

ولذلك يمكن القول أن أعمال الإدارة الإلكترونية تحيط بك حيثما كنت في السيارة، في الشارعن في العمل، في المنزل، ولا يقتصر دورها على تقديم البيانات والمعلومات، لكن يمكن القول أنها وسيلة سريعة وآمنة في نقل المعلومات الغزيرة والفورية على مدار الساعة. هذا حسبما نرى في نطاق ومجال أعمال الإدارة الإلكترونية .

الفصل الخامس

إرهاصات الحكومة الإلكترونية

الفصل الخامس: إرهاصات الحكومة الإلكترونية

يعد التغير إحدى السمات الثابتة في عالمنا، وسنة من سنن الله تعالى الكونية التي نلخصها بالتمعن فيما يجري من حولنا، وفي الحق الزمنية التي عرفها الإنسان، بما آتاه الله من القدرة على التفكير والفهم والتحليل لما يحدث من حوله .()

ويأتي التغير كنتيجة حتمية لما يسمى التطور الطبيعي الذي يحدث بشكل تلقائي دون تدخل مباشر لإدارة الإنسان فيه، وقد يأتي التغير عبر التطور القسري أو الجبري والذي يأتي من عدة أمور مختلفة، قد يكون لإرادة الإنسان فيها النصيب الأوفر، كالثورات بأنواعها الفكرية أو السياسية ...إلى غير ذلك، أو التقلبات الاقتصادية من ازدهار أو كساد، أو الحروب والصراعات بين الدول والشعوب والأمم، أو زيادة القدرة على التواصل السلمي بين الحضارات المختلفة بالوسائل التي اخترعها الإنسانس .ونعيش في عالم اليوم على قمة مكتسبات البشرية من تجارب وعلوم مختلفة، مكنت الإنسان من تحقيق تطلعاته، بل وفتحت أمامه روى مستقبلية أرحب، إذا ما جنب تلك المكتسبات النوازع الإنسانية الغير خيرة .

ونستهل مناقشتنا لأبرز نتائج تطور الفكري البشري في المجال الإداري، ألا وهو مفهوم الحكومة الإلكترونية، بتناول إرهاصات التغير التي ساهمت في الوصول غلى هذا المفهوم الإداري الحديث، وبيان مرجع هذا المفهوم في مجال الإدارة ألا وهو نظم المعلومات الإدارية، مع توضيح الطبيعة المركبة لتطبيقات نظم المعلومات، ثم التعرض لبعض المفاهيم الفرعية، التي تساعد في إدراك ما سنطرحه على مدى فصول هذا الكتاب .

عوامل التحول :

لقد أصبح من ثوابت عالمنا المعاصر المتفق عليها سرعة التغير والتحول في شتى مجالات الحياة الإنسانية، على اختلاف وتيرته من مجال إلى آخر، وبصورة لم يشهد لها

المجتمع البشري مثيلاً في القرون الماضية، ويكاد يفقد المرء نتيجة لذلك قدرته على متابعة واستيعاب وإدراك مضامين وأبعاد تلك التحولات الجذرية .

والتغير أو التحول كنتيجة نهائية، قد جاء نتيجة لعدة عوامل أو أسباب تأخذ صفة التداخل والتشابك المعقد، والاعتمادية المتبادلة، وصفة التراكمية عبر الزمن ولذلك سنحاول أن نبرز أهم عوامل التحول التي ساهمت في ظهور ما يسمى بمفهوم الحكومة الإلكترونية، ومن تلك العوامل ما له مساهمة مباشرة ومنها ما كانت مساهمته غير مباشرة، ولكن الثابت أن بينها تأثيراً متبادلاً هو الذي أفرز لنا هذا المفهوم في نهاية الأمر، ولا زلنا ضمن عملية التطور عبر الزمن والتي ستحمل للبشرية الجديد في المستقبل .

ويمكن عرض أهم تلك التحولات كما يلي :

أولاً -الموجة الثالثة :Third Wave

لقد قدم لنا المفكر "ألفن توفلر "المهتم بالمستقبليات مفهوم موجة التغيير الثالثة، حيث أكد بأن العالم قد تقدم عبر الثورة الزراعية والتي تعد الموجة الأولى، ثم نبعتها الثورة الصناعية والتي تعد الموجة الثانية، ثم بلوغ الثورة المعلوماتية والتقنية وهي الموجة الثالثة، والتي تتصف بالتغيير المنتشر والسريع الذي يؤثر على كل المنظمات وكافة شرائح المجتمع .

ويلاحظ أن الموجة الثانية لم تحل على البشرية إلا بعد مرور آلاف السنين على حدوث الموجة الأولى، أما الموجة الثالثة فلم يفصلها عن الموجة الثانية إلا ما يقارب مائتي عامن وهذا يعطي فكرة عن تزايد وتيرة التغير في الفترات الزمنية المتأخرة، وخاصة ما تتضمنه الموجة الثالثة من تسارع مذهل قد يعجز الإنسان عن إدراكه والتعايش معه .

ولكن ما هو مضمون الموجة الثالثة ومكوناتها الرئيسية والتي نعيشها في عصرنا الحاضر؟ يمكن توضيح ذلك من خلال الآتي :

ظهور تقنية الحاسب الآلي باكتشاف الترانزستور وتشغيل أول حاسب عام ١٩٤٦ في الولايات المتحدة الأمريكية، والذي بشر بانطلاقه عملاقة لتقنية الحاسب الآلي .حيث تتابعت التطورات سريعاً في مجال تقنية الحاسب خاصة في بداية السبعينات من القرن العشرين الميلادي، حيث ظهرت شرائح السليكون التي تحمل العديد من وحدات معالجة المعلومات أو ما يسمى بالميكوبروسسور، والتي وصلت بنهاية الألفبية الثانية الميلادية إلى ما يفوق سبعة ملايين وحدة في الشريحة الواحدة، التي لا يتجاوز حجمها حجم ظفر أصبع الإنسان .

وظهرت أنواع متعددة من أجهزة الحاسب الآلي، وأصبحت الشرائح الكمبيوترية تدخل في غالبية الصناعات بمختلف أنواعها، حتى ظهر ما يسمى بالذكاء الصناعي الذي يحاكي قدرات الإنسان العقلية .وبالتالي صار لا غنى للإنسان عن التقنيات الرقمية، بل أصبح أسيراً لها، لدخولها كعنصر رئيسي في تكوين غالبية الآلات التي يستخدمها في مختلف جوانب حياته .

ومن هنا تشكلت الثورة في تقنية المعلومات وتبلورت خلال الثلاثة عقود الأخيرة من القرن العشرين الميلادي، وتغلغلت في كافة أوجه حياة الإنسان .

تطور وسائل الاتصال بشكل كبير، وخاصة منذ بدء ا لإنسان في طرق مجاهل الفضاء الخارجي مع بداية الخمسينات الميلادية من القرن العشرين، كنتيجة طبيعية للتنافس الحاد بين القطبين الدوليين آنذاك -المعسكر السوفييتي والمعسكر الأمريكي -وما تبعه من تطور في وسائل الاتصال الأثيري، كالأقمار الصناعية التي يعج الفضاء الخارجي بالمئات منها في عصرنا الحاضر، ومحطات الاتصال الارضية التي تقدمت تقنياتها بشكل كبير، والأوساط الناقلة كالأسلاك النحاسية والألياف الزجاجية أو البصرية، فضلاً عن تطور تقنيات الإرسال الموجي كالراديو والبث التلفزيوني وتقنيات التحادث عن بعد أو الهاتف بكافة أنواعه .

ومن خلال ذلك صار التواصل بين الأفراد بل بين الشعوب المختلفة ميسوراً، وصار النقل الحي من أقصى دول العالم شيئاً مألوفاً، ويمكن أن نطلق على هذا التحول ثورة الاتصالات التي حدثت مجرياتها في سنوات معدودة، وتركزت في العقود الثلاثة الأخيرة من القرن العشرين الميلادي .

وهكذا نجد أن الثورة التقنية الكمبيوترية وثورة الاتصالات قد تزامنتا من حيث الحدوث وتعاضدتا من حيث التأثير، ويوجد بينهما اعتمادية متبادلة في الطرح النظري والواقعي، وإن كانت كل منهما لها تميزها واستقلالها عن الأخرى في النظرة الجزئيةن ولذلك يمكن أن يطلق عليهما معاً ثورة الاتصالات والمعلومات، والتي مكنت من تحويل أي شكل من أشكال المعلومات)النصوص، الرسومات، الصور الساكنة والمتحركة، الصوت (إلى هيئة رقمية يمكن نقلها أو توزيعها أو تخزينها حسب رغبة المستفيد .

ثانياً -المجتمع المعلوماتي: Information community

تطور المجتمع الإنساني عبر الزمن عبر ثلاث مراحل متتالية، كان آخرها مرحلة المعلوماتية والاتصالات، وبالتالي حتمت هذه المرحلة أن يكون المجتمع على قدر من المعرفة، والتمكن من معطيات المرحلة التي يمر بها، وبهذا ظهر المجتمع المعرفي أو المعلوماتي .

وقد تبلور مفهوم المجتمع المعلوماتي كنتيجة لثلاث مراحل جزئية مختلفة وهي :

المرحلة الأولى :سادت خلال السبعينات والثمانينات من القرن العشرين الميلادي، مع بداية ظهور ثورة تقنية المعلومات والاتصالات، وتميزت تلك المرحلة بتحرير التشريعات وتنمية الاتصالات بعيدة المدى .وسرعة انتشار التقنيات الرقمية المستخدمة في المعالجة الإلكترونية السريعة للأعمال الورقية الوتيرية أو المتحركة .

المرحلة الثانية :سادت هذه المرحلة خلال التسعينات الميلادية، وجاءت نتيجة الاهتمام بالانقسام الرقمي أي الفجوة بين الذين يملكون تقنية المعلومات والذين لا يملكونها .وقد صاحبها ظهور وانتشار الشبكات على المستوى المؤسسي، وعلى المستوى الوطني، وظهرت الشبكة العالمية للمعلومات أو الإنترنت، كنتيجة لجهود ربط التقنيات الرقمية على مساحات جغرافية واسعة .

المرحلة الثالثة :وتتمثل في الفترة الحالية أي بداية الألفية الثالثة بعد الميلاد، ويتضح من خلالها تعقد العلاقة بين التغيرات على الصعيد التقني الرقمي من جانب وبين التغيرات الاجتماعية والإنسانية)سلطان، ٢٠٠٣م : .(١٢وأنه يجب أن يكون هناك نوع من التكامل بين هذين الجانبين بموجب سياسات موحدة، وتركيز الاهتمام على كيفية إدارة هذا التغيير في هذه المرحلة، الذي سيكون له أبلغ الأثر في تغيير نمط الحياة التي نعيشها في حاضرنا ومستقبلنا .

وعلى الرغم من حتمية التحول المجتمعي لمفهوم المجتمع المعلوماتي، إلا أن هذا المفهوم يختلف من بلد إلى آخر حسب الظروف الوطنية والثقافية، وحسب اختلاف تأثير استخدام تقنيات المعلومات والاتصالات على المجتمعات المختلفة .وتعد سرعة انتقال التقنيات وتداولها بين الدول المختلفة، وتوافر البنية التحتية المعلوماتية الأساسية، عناصر هامة زادت من سرعة تحول المجتمعات النامية إلى المجتمع المعلوماتي، على الرغم من أنها غير منتجة للتقنيات المعلوماتية، بل ومتخلفة معلوماتياً، إلا ان المشاركة الدولية في كل شيء كالحدود والاقتصاد والثقافة والفضاء، قد دفع بهذا التحول قدماً بشكل أسرع)بداينة، ٢٠٠٢م .(٢٤ :

وبالتالي نجد أن التحول إلى المجتمع المعلوماتي، المعتمد على التقنيات المعلوماتية بشكل كبير في ممارسته لحياته اليومية، والذي تمثل المعلومة العصب الرئيسي لنشاطاته المختلفة، هو الخيار الحتمي لكل المجتمعات وخاصة التي لا زالت متخلفة عن الركب

العالمي، لأن الحضارة المعتمدة على تقنية المعلومات هي التي تقـود والأمـم والشعوب في الوقت الحاضر وفي المستقبل المنظور المتاح للعقل البشري .

ثالثاً -الشبكة العالمية World Wide Web:

لقد كان ظهور الشبكة العالمية أو الإنترنت (Internet) هـو الحـدث التكنولوجي الأكثر أهمية، والأكثر تأثيراً من بين عناصر ثورة المعلومات والاتصالات على الإطلاق، وذلك في مجريات التحولات العالمية، لكونـه العامـل التقني الذي أتاح التواصل وتبادل المعلومات بين مجتمعـات الـدول المختلفة، بالتغلب على الحدود الجغرافيـة الطبيعية، واختراق السلطات التقليدية للحكومات التي تتحكم بقدرة المجتمعات على التواصل مـع بعضها ولهذا كان لا بد من إبرازها كعنصر تغييري مستقل بما يتناسب مع دورها الكبير .

وقد ظهرت كإحدى نتائج الحرب النووية الباردة مع بداية الستينات الميلادية من القرن العشري، عندما شرعت وزارة الدفاع الأمريكية في بناء شبكة اتصالات من أجل تأمين تبادل المعلومات العسكرية، ثم توسعت لتضم منظمات وجامعات ومؤسسات ومعاهد وغيرها، وبالتالي أصبح هناك أكثر مـن شـبكة واحـدة ربطت ببعضها ثم توسعت وتطورت داخل الولايات المتحدة ثم عبر العالم وأطلق عليها شـبكة الإنترنـت)النفيعـي والحمـاد، ٢٠٠٠م : ٢١).

وقد تبنت عدة جامعات في الولايات المتحدة عام ١٩٩٦ برنامج تقني متقدم لتطوير الشبكات المعلوماتية في المجال الأكاديمي بشكل خاص سمي "بالجيل الثاني للإنترنت"، وتبعها عـدة وكـالات حكوميـة فيدراليـة، إضافة لجامعات ومراكز بحوث وعدد من مؤسسات القطاع الخاص عام ١٩٩٧م بمبادرة برنامج "الجيل التـالي للإنترنـت " الذي يهدف إلى تحقيق سرعة وفعالية أكبر للخدمة، لمجابهـة التطبيقـات الحديثة والوسائط المتعددة للمجتمـع المعلوماتي، ويعتمد على استعمال شبكات الألياف البصرية ونقاط اتصال وتحويل عالية

السرعة تسمى (Gigapop)للتمكن من التعامل مع كميات ضخمة من المعلومات في آن واحد، ولا زالت هناك أبحاث بهدف زيادة سرعة الشبكة لتصل إلى سرعة "تيرابت /ثانية "لنقل المعلومات .

وتعرف شبكة الإنترنت :International Network) Internet)بأنها الشبكة العالمية التي تضم مجموعة مرنة من عدة آلاف من الشبكات الحاسوبية، الممتدة إلى مئات الملايين من سكان مختلف دول العالم، التي لها الحق في الوصول إلى الشبكة العالمية)الشدي، ١٤١٦هـ .(١٤٧ :

وقد انتشرت شبكة الإنترنت عالمياً، نتيجة لما تقدمه من خدمات متنوعة لتعدد اهتمامات ومجالات الحواسيب المرتبطة ببعضها .ومن أهمها على الإطلاق خدمة المواقع الإلكترونية، التي تعبر عن تطور وتحسُّن الصور والرسومات البيانية للسطوح البينية التي توفر التفاعل للمستفيد بصورة مريحة وشيقة، وقد تم اكتشافها عام ١٩٩٣من وتضاعف حجمها في عام ١٩٩٥م عشرين ضعفاً في غضون ثمانية عشر شهراً فقط، وأصبح عدد المترددين عليها حتى أكتوبر عام ١٩٩٩ما يقارب ٢٤٠مليون مستخدم .

وما زالت الشبكة العالمية تتوسع بشكل كبير من حيث الاستخدام والتأثير، وأضحت بذلك عنصراً رئيسياً في غالبية الأنشطة الإنسانية، خاصة مع اتجاهها لتكون رافداً مهماً لتشكيل ثقافات المجتمعات، نتيجة زيادة تعامل الأفراد والمجتمعات معها وتطور تقبلها لشتى اللغات والثقافات المتنوعة، مما جعل العالم يبدو كقرية كونية صغيرة .

رابعاً -العولمة :Globalization

لقد تصاعدت وتيرة ذوبان الحدود الجغرافية بين الدول منذ نهاية الحرب العالمية الثانية، وذلك باتجاه تكوين تجمعات أو كتل دولية ذات مصالح مشتركة، والتي تمثلت بشكل رئيسي في كتلة الدول الرأسمالية بقيادة الولايات المتحدة وكتلة الدول الاشتراكية

بقيادة الاتحاد السوفييتي، ومع بداية التسعينات الميلادية وصل التمازج العالمي ذروته بانهيار أحد قطبي العالم وهي جمهورية الاتحاد السوفييتي، وتبعه تفكك كتلة الدول الاشتراكية، وما نتج عنه من تفرد القطب الآخر المتمثل في الولايات المتحدة الأمريكية بالسيطرة على المسرح الدولي، بالسعي إلى نشر تصوراتها في شتى المجالات على المستوى العالمي، باستغلال التقدم العلمي الذي تتمتع به خاصة في المجال التقني، ومرجيات الأحداث على الصعيد الدولي.()

وبالرغم من الدور المحوري للولايات المتحدة في ذلك، إلا أن هذا التحول هو نتاج طبيعي للأوضاع الدولية في العقود الأخيرة من القرن العشرين، ونجد أن غالبية الدول لها مساهمات جادة فيه، وبالتالي فهو توجه حتمي نتيجة أحداث تراكمية متتالية، لا يمكن عزوها لحدث أو دولة بعينها كسبب أوحد .

ويطلق على هذه الظاهرة مسمى العولمة بمعنى انصهار كافة دول العالم مع بعضها في مجال النشاط الإنساني وتلاشي الحدود الجغرافية بينها، وسهولة الانسياب الاقتصادي والثقافي بين الدول والمجتمعات .

وهذه المظاهرة ليست جديدة في جوهرها، فانتقال العلم وانتشار الثقافات والسلوك والقيم والتبادل الاقتصادي شائع بين الأمم والشعوب، ولكن وتيرتها قد زادت بشكل كبير في وقتنا الحاضر، مما ربط مصير الدول النامية بمجريات ما يحدث في الدول المتقدمة والصناعية، مما ولد حراكاً فعلياً للمجتمعات غير معهود من قبل)بداينة، ٢٠٠٢م .(٨٨ :

ومن أهم مضامين هذه الظاهرة ما يلي :

عالمية السوق :Globularity of Market

وتعبر عن اتصال النشاط الدولي في مجال الاقتصاد، والتبادل التجاري عبر الحدود الجغرافية لمختلف الدول)ديسلر، ١٤١٢هـ .(١٤٧ :فهناك اتجاه عالمي تقوده الدول الصناعية الكبرى لفتح كافة الأسواق أمام السلع والخدمات، وتحرير التجارة العالمية عن

طريق مجموعة من الاتفاقيات الدولية في المجال الاقتصادي تحت مظلة اتفاقيـات دوليـة، والتـي مـن أهمهـا مـا يعرف حالياً بمنظمة التجارة العالمية، التي تكون جوهر التبادل الاقتصادي والتجاري بين غالبية دول العالم، وتسعى غالبية دول العالم للانضمام إليها .

ونجد أن تقدم الصناعات التكنولوجية بكافة أنواعها قد ساهم كذلك في فتح الأسواق بين الدول، وقد كـان لهذا التواصل العالمي الاقتصادي تأثير كبير على كافة الأنشطة داخل الدول بما فيها النشاط الإداري والتنظيمـي، ولم يقتصر على الجانب الاقتصادي .

عالمية الثقافة :Globularity of Culture

تزايد التواصل الثقافي بين الشعوب والأمم خاصة مع التقدم الكبير في وسـائل الاتصال، وبالأخص الفضائي منها . وخرجت ثقافات الشعوب من إطار حدود الدول الحديثة لتتمازج وتختلط مع ثقافات العـالم، وقـد أحـدث ذلك تغيرات ملموسة في المكونات الثقافية للشعوب، وصار هناك تأثير وتفاعل متبـادل عـلى المستوى العـالمي، بمـا يحمله من تغيرات على مختلف نشاطات الدول .

تداعي السلطة التقليدية :Collapse of Traditional Authority

تعد الدولة القومية الحديثة هي النمط الأشمل للسلطة، ولكنها تواجه في العصر الحـاضر تحـديات كبيرة تهدد بتضاؤل عمق سلطتها، ودخولها في طور التحول والانتقال إلى شكل سلطوي يتماشى مع التغيرات التي نعيشها اليوم ويمكن أن تحدث في المستقبل، كالتزايد الواضح لدور المنظمات السياسية ذات الصبغة الدولية، وتزايـد دور المؤسسات متعددة الجنسـية)اللـوزي ومـراد، ١٩٩٠م :١٦(. ويتبـع ذلك تضاؤل السـلطة الاجتماعيـة عـلى أفراد المجتمع، وكذلك سلطات المنظمات المختلفة على المنتمين لها .

ويعتبر تضاؤل دور أنماط السلطة التقليدية بكافة أنواعها هو أحد مظاهر العولمة التي ستبرز بشكل أكبر في المستقبل، ونلمس إرهاصاته في وقتنـا الحـاضر . ولـذلك فإن هـذا التغير سـيحمل في طياتـه تـأثيراً واضحاً عـلى الممارسات والتنظير الإداري .

خامساً -التنبؤ بتنظيمات المستقبل :Future Organizations

اهتم الكثير من علماء الفكر الإداري باستشراف واستقراء مستقبل المنظمات الإدارية على اختلاف أنواعها، كنتيجة لظاهرة التغير الحتمية في المجتمعات المعاصرة، وضرورة معرفة اتجاهاته وماهيته ومحتواه في المستقبل، وبالتالي القدرة على مواجهته والتعامل معه، بما يحقق الفاعلية والكفاءة لمنظمات المستقبل .

وقد أبرز المفكرون عدة عوامل مستقبلية سيكون لها التأثير الواضح على المنظمات المستقبلية، بما يوجب الاستعداد لها، ومن أبرز تلك العوامل ما ذكره بينس **Bennis**في كتابه بعنوان "القيادة"، وما ذكره ماجوير **Mcguire**عن الإدارة المستقبلية، ومنها :

١ أن البيئة المضطربة والمتغيرة في المستقبل، ستفرض على المنظمات تغيير متواصل في وظائف الإدارة من تخطيط وتنظيم ورقابة وتوجيه .وتزداد الحاجة إلى متطلبات تغيير الأنشطة، وبالتالي بروز مشاكل التنسيق والتكامل والتوافق .

٢ بزيادة التوسع الجغرافي ستزداد تعقيدات ومتطلبات المنافسة والاستقلالية .وسيعاد النظر في المفهوم القديم لتسيير العمل، وسيتحول التركيز بشكل واسع إلى تحقيق ميزة الحصول على المعلومات بفاعلية أكبر .

٣ ستتجه المنظمات إلى إيجاد الوسائل الفعالة للتعامل مع المعلومات، لكون المستقبل يعتمد عليها . وستتأثر العمليات الإدارية بما فيها صناعة القرارات بشكر كبير بأنظمة المعلومات، الناتجة عن تطور التقنيات المعلوماتية .

٤ سيؤدي التطور التقني والمعلوماتي إلى التركيز على عملية الاتصال في المنطقة وكيفية التنسيق .وستظهر طرق ابتكارية جديدة في تنسيق التنظيم الداخلي للمنظمات، تتناسب مع عصر المعلومات والتقدم التقني .

ويرى بعض المفكرين أن هناك عوامل أخرى ستكون في مواجهة المنظمات في المستقبل، وبالتالي يجب التعامل معها ومنها :

١ الملائمة للواقع المستقبلي، ومدى قدرة التنظيمات على التوافق مع مجريات المستقبل، خاصة أنها تعاني من كثير من المشاكل في الوقت الحاضر .

٢ زيادة المشاركة وطرد السلطة إلى أسفل التنظيم أو خارجه، وإحلال المساواة والحرية محل السلطة والقدرة .

٣ القدرة على التعامل مع إنسان تنظيم المستقبل الذي يتصف بالتعقيد، وتطوره في جوانب كثيرة، كسعيه للاستقلالية والحرية، والبحث عن الذات واهتمامه بقيم التطوير الذاتي .

٤ التحول في القيم والثوابت الاجتماعية نتيجة التغيرات التي مرت بها المجتمعات، وحاجة المنظمات إلى إتباع سياسة المواجهة والتكيف، بدلاً من التكيف بواسطة التنازع أو العقود والمساومات .

وهناك اهتمام في جانب آخر ولكنه في نفس السياق من قبل المهتمين بالفكر الإداري، حيث يطرحون مقارنات بين عصر الحداثة والذي يتضمن نظريات التنظيم في العصر الحاضر والماضي، وبين عصر ما بعد الحداثة والذي يتضمن أحداث المستقبل، وقد يطلق بعض الكتاب على العصر الحاضر حقبة حداثة عالية، ويرى آخرون أنه ما بعد الحداثة، وبالتالي نرى أن هناك محاولة لتحليل منظمات المستقبل على ضوء معطيات الماضي والحاضر .

ونجد من مجمل هذه الرؤى حول تنظيمات المستقبل، تحولاً كبيراً في التنظير الإداري من التركيز على التنظيمات والتطبيقات الآنية والماضية واستخلاص العبر والمبادئ، إلى خوض غمار المستقبل وما سيكون عليه الفكر الإداري حينذاك، باستقراء وتحليل الإرهاصات ذات العلاقة التي نشهدها في عصرنا الحاضر .

نظم المعلومات الإدارية: Management Information Systems

تعد مظاهر التحول التي سبق عرضها في بداية هذا الفصل، من العوامل الرئيسية في دفع المنظمات على اختلاف أنواعها لمسايرة وتيرة التغير، بمحاولة تطبيق آخر ما وصل إليه الفكر الإداري في مجال التواؤم والتهيؤ لتلك الظروف في المستقبل، فضلاً عن مقابلة ضغوط عصرنا الحاضر .

ولما للتقدم التكنولوجي بكافة أنواعه من تأثير على كافة أنشطة الإنسان وميادينه العلمية والعملية، وخاصة تقنية المعلومات أو التقنية الرقمية، فإن الفكر الإداري قد سعى إلى الاستفادة من مكتسبات التطور التقني مبكراً، وأطر ذلك ضمن ما يسمى بأنظمة المعلومات في المنظمة، والذي يُعد بمثابة الرحم لمفهوم الحكومة الإلكترونية من منظور الفكر الإداري .

وسنلقي الضوء على محتوى أنظمة المعلومات الإدارية، التي شكلت أساس قيام مفهوم الحكومة الإلكترونية، بما في ذلك أنواع تطبيقاتها التي سنوضحها في الفصول القادمة، وسنعرج على بعض المفاهيم التي سيتكرر ذكرها في فصول هذا الكتاب وتتعلق بالطرح النظري لمحتواه .

أولاً -مفهوم نظم المعلومات الإدارية : [()]

إن التطور الكبير الذي ترك بصماته على مجالات حياتنا المختلفة قد خلق الحاجة الملحة إلى تطوير نظم المعلومات، لمواجهة تلك التطورات ومعالجة ما بها من تعقيدات والتي تتزايد يوماً بعد يوم .وقد هدى الله العقل البشري إلى اختراع الحاسب لمساعدة الإنسان في تنظيم شئون حياته، وحل مسائله المعقدة والاحتفاظ ببياناته ذات الحجم الهائل، ووضعها في شكل يساعده على الاستفادة منها في صنع قراراته .

وتعرف نظم المعلومات بأنها "ذلك العلم الحديث الذي يبحث في شكل خصائص المعلومة، ويهدف إلى خلق وتطوير الأساليب والوسائل الحديثة، في جمع وتنظيم ومعالجة

البيانات بعد تحليلها، ومن ثم تخزينها، واسترجاعها، بطريقة سريعة، ومثلى .(Alkatherey, ٢٠٠٤) "وهذا التعريف لنظم المعلومات من زاوية واسعة حيث يبين لنا أهميته لكل نشاطات الإنسان .

ويعرِّف من منظور إداري بأنه "النظام الآلي أو الذي يستخدم تقنية الحاسب الآلي في جمع وتلخيص المعلومات الخاصة بعمليات المنظمة، بهدف تكامل كل أو معظم نظم المعلومات الفرعية في المنظمة، وضمان مراقبة أنشطتها وحفظ توازن عملياتها) "ديسلر، ١٤١٢هـ .(٨٥ :وقد حدد هذا التعريف دور نظام المعلومات في المنظمة وماهيتهن ولكنه نظر له من زاوية البيئة الداخلية للمنظمة، وأهمل دور تقنية المعلومات في البيئة الخارجية للمنظمة .

ويعرف كذلك بأنه "النظم الرسمية وغير الرسمية، التي تُمد بمعلومات سابقة وحالية وتنبؤية، في صورة شفوية أو مكتوبة، طبقاً للعمليات الداخلية للمنظمة والبيئة المحيطة بها، ويدعم المديرين والعاملين والعناصر البيئية الأساسية، بإتاحة المعلومات في الوقت المناسب، للمساعدة في اتخاذ القرارات "وفقاً لمكليود .

ويعد هذا التعريف هو المناسب لوصف الأنظمة المعلوماتية، التي تعبر عن تسخير تتقنية المعلومات في خدمة عمليات المنظمة المختلفة، ونجد أنه قد حوى عدة عناصر هامة، وهي :

١ النظام الرسمي هو النظام المعرف بواسطة إجراء رسمي في المنظمة كبرامج الاجتماعات، أما الغير رسمي فهو النظام الذي يعد استجابة لحدث غير متوقع كالاجتماع الفجائي .

٢ المعلومات السابقة والحالية والتنبؤية هي المعلومات التي تتعلق بحدث في الزمن الماضي، أو حدث في الوقت الحاضر، أو استشراف لحدث في المستقبل .

٣ الصورة الشفوية أو المكتوبة، تعني كافة الصور التي يمكن أن تشكل من خلالها المعلومات .

٤ معلومات داخلية وبيئية، بمعنى أن المعلومات تشمل النطاق الداخلي للمنظمة والبيئة الخارجية المحيطة ذات العلاقة .

.

٥ المديرين والعاملين، وهم الأشخاص الذين يعملون في المنظمة على اختلاف مهامهم، أما العناصر البيئية الأساسية فهم الأشخاص الطبيعيون كالمساهمين، أو الاعتباريون كالهيئات الحكومية، والذين لهم علاقة بنشاط المنظمة .

٦ الوقت المناسب، مدى القدرة على الاستجابة عند الحاجة وتوفير المعلومات .

٧ للمساعدة في اتخاذ القرارات، لكون جميع عمليات المنظمة تقوم على اتخاذ القرار .

وتعتبر الحاجة إلى نظم المعلومات شيئاً أساسياً في عصرنا الحاضر، خاصة للفئات ذات الصلة بالإدارات العليا في أي منظمة، والتي تضطلع بمهام إدارية متعددة، لتتمكن من التحكم في سير المنظمة، بل قد يصل الأمر بصانعي القرار إلى تطوير نظام معلوماتي يساعد في تسيير الأعمال كالتخطيط والتنفيذ والتحكم في الإنتاج .

ولذلك فإنه من المؤكد أن نظام المعلومات له دور مؤكد وفعال في حياة الإنسان، من حيث تسجيل وتوثيق نشاطات البشر، وتنظيم المعلومات المتراكمة، واستخدامها ضمن التقنيات الحديثة بقليل من المال والجهد .

ثانياً - مكونات نظم المعلومات الإدارية :

بالرغم من تداخل نظم المعلومات مع كل نشاطات وعمليات المنظمة، مما لا يمكننا من تمييزه كنظام مستقل أو نظام طبيعي، إلا أنه يوجد بشكل افتراضي كنظام مستقل يتكون من عدة أجزاء فرعية يمكن تمييزها في المنظمة .وتلك المكونات الفرعية هي :

المكونات المادية Hardware: وهي الأجهزة والمعدات، التي تتعامل مع المعلومات بكافة أنواعها وغالباً ما يعبر عنها بتقنيات الحاسب الآلي وما يتبعها من أجهزة أو توصيلات ملحقة أو شبكات .

المكونات البرمجية Softwaer or Programs: وهي البرامج التي يمكن للأجهزة أن تعمل بواسطتها، كبرامج التشغيل أو النظام التي تجعل الحاسب قادراً على تنفيذ عمليات التخزين والاسترجاع والمعالجة، وبرامج التطبيقات التي تتعلق بمهام خاصة لعمليات المنظمة كبرامج المحاسبة أو مراقبة المخزون .

المكونات البشرية People: وتعني الكادر البشري القادر على التعامل مع تقنية المعلومات، كالمختصين بتشغيل وصيانة التقنيات، ومحللي النظم والمبرمجين، والعاملين في خدمات المعلومات، وكذلك الموظفين القادرين على التعامل مع التقنيات المعلوماتية والمستفيدين منها ولكنهم ضمن وحدات إدارية أخرى .

المكونات الإدارية Management and Procedures: وتتمثل في التكوين الإداري للوحدات المختصة بتقنية المعلومات والمستوى القيادي المشرف عليها، وموقعها في الهيكل الإداري للمنظمة، وطبيعة العلاقات والاتصالات التي تربط تلك الوحدات داخلياً أو خارجياً بالوحدات الإدارية وأقسام المنظمة الأخرى .

ثالثاً ـ النظام المركب لنظم المعلومات ⁽⁾ :

تعبر نظم المعلومات الإدارية عن مجموعة من الأنشطة، التي يتم من خلالها جمع الحقائق ذات الصلة الوثيقة بكل من البيئة الخارجية، والعمليات الداخلية للمنظمة، والتي بمقتضاها يتم تحويل هذه الحقائق والبيانات إلى معلومات مشكلة ومبوبة، بالصورة التي تتفق واحتياجات المنظمة .

ويمكن التحدث عن إمكانية تطبيق نظم معلومات بدون استخدام تقنية الحاسب الآلي، ولكن قدرة وإمكانيات التقنية الرقمية الهائلة في التعامل مع البيانات، هي التي

مكنت من التوسع في تطبيقات نظم المعلومات الإدارية، بحيث صار لا يمكن التحدث عن نظم المعلومات بـدون استخدام تقنيات الحاسب الآلي. ولذلك صار هناك ارتباط حتمي بين التقنية ونشاطات الإنسان، ضمن إطار مفهوم نظم المعلومات الإدارية، وتحول التركيز إلى مدى القدرة على تحويل الإجراءات المختلفة إلى التشغيل الإلكتروني .

وأضحت الطبيعة المركبة لنظم المعلومات هي الحقيقة الثابتة التي يجب التعامل معها وفق طبيعـة مكوناتهـا، حيث تتكون من الإنسان والآلة، اللذان يشكلان مع بعضهما المركب الرئيسي- لنظم المعلومـات وكافـة تطبيقاتهـا المختلفة، بحيث تعتمد على طبيعة الحوار والتفاعل المتبادل بين العنصر البشري والعنصر التقني .

وينتج من هذا التداخل بين العمليات التي يتم تنفيذها عن طريق التقنية الرقمية، وتلك العمليـات التـي يقوم بها الإنسان، أن تعتمد نظم المعلومات الإدارية في نشوء فكرتها والتخطيط لها، ومن ثم تصميمها وتنفيـذها، ثم القيام على صيانة النظام وتطويره تبعاً لمقتضيات الظروف، علـى الإلمـام الكـامل الـذي لا يقتصـر- علـى طبيعـة التقنية الرقمية ومجالات استخدامها فقط، بل يتعدى ذلك إلى الإلمام بنظريات الفكر الإداري، التي عالجت طبيعة التنظيم والعمليات الإدارية، بما في ذلك العنصر الإنساني كجزء هام من مكونات النشاط التنظيمي .

ويبرز لنا من خلال ذلك مدى ما تفرضه طبيعة نظم المعلومات المركبة مـن معرفـة بخلفيـات الجانـب الإداري من حيث النظرية والتطبيق، وهذا ما سيتم التطرق له ضمن الفصل التالي .

رابعاً - بعض مصطلحات نظم المعلومات الإدارية :

ترتبط بنظم المعلومات عدة مصطلحات سيرد ذكرها مـراراً في ثنايا فصول هـذا الكتـاب، ومـن المناسـب توضيح معناها، لإزالة اللبس الذي يمكن أن يعرض للقارئ عند اطلاعه على مضامين الفصول القادمة .

ونعرض تلك المصطلحات كما يلي :

إلكتروني: Electronic: ما يتصل بالتكنولوجيا الحديثة، وذو قدرات كهربائية أو رقمية أو مغناطيسية أو لاسلكية أو بصرية أو كهرومغناطيسية أو مؤتمتة أو ضوئية أو ما شابه ذلك. (wepsite: egovs.Com)

سجل أو مستند إلكتروني: Electronic Document: سجل أو مستند يتم إنشاؤه أو تخزينه أو استخراجه أو نسخه أو إرساله أو إبلاغه أو استلامه بوسيلة إلكترونية، على وسيط ملموس أو على أي وسيط إلكتروني آخر، ويكون قابلاً للاسترجاع بشكل يمكن فهمه. (wepsite: egocs.Com)

الحاسب الآلي: Computer: جهاز إلكتروني يتعامل مع المعلومات والبيانات بتحليلها ومعالجتها وإظهارها وحفظها، وإرسالها واستلامها، بواسطة برامج وأنظمة معلومات إلكترونية، ويمكن أن يعمل بشكل مستقل، أو بالاتصال مع أجهزة أو أنظمة إلكترونية أخرى. (wepsite: egovs.com)

برنامج الحاسب الآلي: Computer's Program: مجموعة بيانات أو تعليمات، تستعمل بطريقة مباشرة أو غير مباشرة في نظام معالجة معلومات إلكترونية، بغرض إيجاد أو الوصول إلى نتائج محددة.

المعاملات الإلكترونية: Electronic Transactions: معاملات يتم إبرامها أو تنفيذها بشكل كلي أو جزئي بواسطة وسائل أو سجلات إلكترونية، والتي لا تكون فيها هذه الأعمال أو السجلات خاضعة لأية متابعة أو مراجعة من قبل شخص طبيعي، كما في السياق العادي لإنشاء وتنفيذ العقود والمعاملات.. (wepsite: egovs.com)

المعلومات الإلكترونية: Electronic Information: معلومات ذات خصائص إلكترونية، في شكل نصوص أو رموز أو أصوات أو رسوم أو صور أو برامج حاسب آلي أو غيرها من قواعد البيانات.

النظام التقني :Technological System ويقصد به النظام المعلوماتي، ولكنه وصف بالتقني لكونه يعتمد على التقنية الحديثة التي شكلت فكرة عمله، وقد يرد بمسى الأنظمة التقنية .

التقنية الرقمية :Digital Technology وهي الأجهزة التي تعتمد في عملها على النظام الرقمي الثنائي)صفر، واحد (في تمثيل الرموز والأرقام والحروف وغيرها ومن ثم القيام بعمليات التخزين والمعالجة والاسترجاع، والتي تعتبر لغة عمل داخلية للجهاز لا يمكن رؤيتها من قبل المستفيد ولكنه يرى نتائجها في صور يفهمها)الشدي، ١٤١٦هـ .(١٢ :

تقنية المعلومات :Information Technology ويقصد بها أنظمة الحاسب الآلي التي تتعامل مع المعلومات والبيانات، وما يندرج ضمن ذلك من شبكات حاسوبية أو أجهزة ملحقة، وقد يطلق عليها التقنية المعلوماتية .

نظام المعلومات الإلكتروني :Electronic Information System نظام إلكتروني لإنشاء أو استخراج أو إرسال أو استلام أو تخزين أو عرض أو معالجة المعلومات أو الرسائل إلكترونياً .

نظم المعلومات :Information Systems مصطلح مرادف لنظم المعلومات الإدارية، ويمكن أن يسمى نظام المعلومات أو النظام المعلوماتي .وقد تم إضافة النظام إلى المعلومات أو المعلوماتية، لكونه يتعامل بشكل رئيسي مع المعلومات، وموجه لإدارة واستغلال مورد المعلومات في المنظمة .

وتجدر الإشارة إلى أن هذه المصطلحات متقاربة إلى حد كبير، ولكن توجد بينها فوارق دقيقة جداً، ولكن من الأهمية بمكان توضيحها، وترتبط جميعها أيضاً بالطرح النظري لأنظمة المعلومات في إطار مدلولات الفكر الإداري .

الفصل السادس

الإجراءات العملية

لتنفيذ الحكومة الإلكترونية

ومشكلاتها العملية

الفصل السادس

الإجراءات العملية لتنفيذ الحكومة الإلكترونية

ومشكلاتها العملية

أولاً :تطبيقات الحكومة الإلكترونية في مصر :

هل مررت يوماً بتجربة استخراج ورقة رسمية من أحد المكاتب الحكومية في الغالب أن معظمنا مر بهذه التجربة على مستويات مختلفة بداية من استخراج شهادة الميلاد أو دفع فاتورة التليفون أو حتى الاستعلام عن المخالفات المرورية ودفع قيمة الغرامة وفي الأغلب الأعم أن تكون تجربة التعامل مع المكاتب الحكومية مرضية أو مريحة للمواطن مهما تنافس الموظفون في تلبية طلباته أو التعامل معه بسرعة وكفاءة أو حتى إذا قابلوه بابتسامة عريضة وأسباب عدم الرضا طويلة ومتنوعة ولا يمكن حصرها ولكن يمكن أن نقول على سبيل المثال أن المواطن يضطر للتعامل مع المكاتب الحكومية في مواعيد العمل الرسمية من الثامنة صباحاً وحتى الثانية مساء وهو ما يعني أن المواطن والذي هو موظف بدوره سيكون مطالباً بالحصول على إجازة من عمله ناهيك عن التنقل من مكتب إلى آخر في محاولة إنجاز الخدمة التي يطلبها.

ويمكن القول أن فكرة الحكومة الإلكترونية هي أرقى أفكار العصر الرقمي الذي يعيشه العالم حالياً حيث تمزج آخر ما توصل إليه العلم من تطبيقات وأفكار وبرامج وتدمجها مع شبكة الإنترنت التي تشهد انفجاراً في ارتفاع معدلات الاستخدام يصل إلى حد الثورة الحقيقية وهو ما يعني وصول معظم الناس إليها وبالتالي تكون أقوى أدوات نشر وإتاحة خدمات الحكومة الإلكترونية وعند القيام باستعراض سريع للتاريخ الحديث سنجد أن الثورات الصناعية التي عاشها الإنسان أطلقت الفرص المذهلة أمام التطور الاقتصادي وفي الوقت نفسه وضعت تحديات العصر أمام الحكومات الموجودة فيه والثورة الصناعية

الثالثة فهي التي نعيشها حالياً وترتكز أساساً على الكمبيوتر والإنترنت ومن نتائجها المباشرة زيادة معدلات الإنتاج وتنوعه في كل أنواع الصناعات تقريباً بالإضافة إلى تحقيق معدلات مذهلة من الإنتاجية إضافي إلى ذلك فهذه الثورة بالتحديد غيرت إلى الأبد مفاهيم الناس حول الحياة الاجتماعية بشكل عام وكيفية قضاء وقت الفراغ بشكل خاص وعلى نفس المحاور كانت تحديات العصر الرقمي كبيرة بالنسبة للحكومات ولكنها هذه المرة كانت متعلقة بتطوير الطرق التقليدية المستقرة في التعامل مع المواطن منذ قرون لمواكبة التغيرات التكنولوجية وبالتالي تأمين أقصى استفادة مباشرة للمواطن منها .

ويمكن باختصار شديد أن نقول أن الحكومة الإلكترونية هي تقديم الخدمات والمعلومات للمواطنين بطريقة أكثر استقراراً وسرعة وشخصية وهو ما يعني إعادة بناء الطرق التقليدية التي اعتادت بها الحكومة تقديم خدماتها للمواطنين وكذلك إعادة تشكيل الطرق النمطية التي تتفاعل بها الحكومة مع المواطنين أو الشركات أو الموظفين وبشكل عام فإن مفهوم الحكومة الإلكترونية هو النمط الحديث لتطوير الأداء الاقتصادي وتمكين الإدارة الحكومية من قيادة المجتمع بأكمله من العصر الصناعي إلى العصر الرقمي .

أهداف المشروع :

ويمكن إجمال هدف المشروع في خدمة المواطنين والشركات والمستثمرين حيث يمكن توصيل الخدمة مباشرة إلى طالبها مع سرعة الإنجاز ودقته بالإضافة إلى التميز التام في تقديم الخدمة دون الوقوع في نقاط ضعف مثل عدم الكفاءة وغيرها وعلى الجانب الآخر فإن المشروع يهدف إلى تحديث نظم العمل بالوزارات والهيئات الحكومية وهو ما يؤدي للدقة المتناهية في المعاملات ودعم اتخاذ القرار بالإضافة لضغط الانتفاع الحكومي وهو مطلب ملح في ضوء التحديات الاقتصادية كما أن المشروع يهيئ الجهاز الحكومي للاندماج في النظام العالمي الحديث .

هذه الأهداف العامة ستؤدي لمكاسب بصورة مباشرة سوف يحسها المواطن فوراً وهـي مـا يمكـن اعتبـاره العائد الاجتماعي للمشروع من ناحية الخدمة المقدمة للمواطن بالإضافة لتهيئة المناخ المناسب للموظفين لسـهولة أداء العمل وقلة الاحتكاك بالجمهور أما العائد الاقتصادي المباشر فهو التوفير بنسبة ٣٪ في مشتريات الحكومة وهو ما يعادل ٦٠مليون جنيه سنوياً مع استغلال ما نسبته ٠٥٪.من المخـزون الحكـومي وهـو مـا يعـادل ٢٠٠مليـون جنيه بالإضافة لتوفير حوالي ٩٠٠ألف سلعة عمل سنوياً وهو ما يعادل ٩مليون جنيه تزيد مـع زيـادة التوسـع في المشروع أيضاً هناك الكثير من الاستفادة غير المباشرة تتعلق معظمها بسوق تكنولوجيا المعلومـات وتنميـة صـناعة الاتصالات وتصل إلى حد تقليل كثافة المرور كنتيجة مباشرة لتقليل زيارات المواطنين إلى الهيئات الحكومية .

محاور المشروع :

يرتكز الإطار التنفيذي لمشروع الحكومة الإلكترونية في مصر على خمسة مشروعات تعتبر الأعمدة المركزية للمشروع بأكمله .وقد بدأ العمـل بالفعـل في هـذه المشروعات بشـكل متـواز وهـي الآن في مراحـل مختلفـة مـن التنفيذ .

أول تلك المشروعات هو مشروع)البنية التحتية (والـذي يهـدف إلى وضـع الأسـس القانونيـة والمواصـفات القياسية التي يجب توافرها لدعم تنفيذ أعمال الميكنة والـربط وتـأمين المعـاملات مـن خـلال الشـبكات .وقـد تـم تشكيل مجموعة عمل من مختلـف القطاعـات)وزارات -هيئـات -استشـاريين -شركـات قطـاع خـاص (لوضـع مسودة وثائق المواصفات القياسية .ويشهد هذا المشروع أيضاً تصميم وتنفيذ بوابة للحكومة على الإنترنت ليتسنى للمواطنين والشركات الاستفسار وإنهاء بعض المعاملات من خلالها .

ويرتبط مشروع الحكومة الإلكترونية ارتباطاً وثيقاً بالمواطنين والمتعاملين من الشركات والمسـتثمرين ومـن ثم يهدف المشروع الثاني إلى تقديم الخدمات الحكومية

للمواطنين من خلال شبكة الإنترنت بداية من تعريف المواطن بالإجراءات والأوراق المطلوبة في كل من المعاملات المختلفة وانتهاء بسداد مقابل الخدمة وإنهاء المعاملة وإصدار الأوراق الموثقة .ويتضمن المشروع أيضاً الخدمات الحكومية الداخلية والمتعلقة بتوصيل الخدمات للمواطنين من خلال أجهزة الحكم المحلي على مستوى المحافظات والأحياء وذلك للتخفيف من مركزية المعاملات الحكومية .

ولضمان سرعة الإنجاز فإن المشروعين الثالث والرابع يرميان إلى ميكنة إعمال الوزارات والهيئات الحكومية وبناء شبكة عمل حكومية تسمح تداول المعلومات بين الوزارات بشكل أسرع وأكثر فاعلية وذلك بمساعدة نظم أرشفة إلكترونية رفيعة المستوى وتأسيس قواعد متكاملة للبيانات القومية وتحديثها بشكل مستمر الأمر الذي يؤدي إلى رفع مستوى الأداء وكفاءة العمل .

ومما لا شك فيه أن ضغط الإنفاق الحكومي مطلب أساسي دون المساس بكفاءة التنفيذ ولكن من خلال الأساليب العلمية للاستفادة من دورة الشراء ولذلك فإن المشروع الخامس يتعامل مع)المشتريات الحكومية (من أجل وضع منهج جديد للتخطيط والطرح والتخصيص الأمثل للموارد ومن المتوقع أن يؤدي هذا المشروع -عند تطبيقه بالكامل -إلى ترشيد الإنفاق الحكومي بشكل ملحوظ .

البداية :

يمكن اعتبار الاتفاق الذي تم توقيعه في إبريل عام ٢٠٠١بين الحكومة المصرية وشركة مايكروسوفت عملاق البرمجيات والحلول العالمي هو الخطوة الحقيقية الأولى في تنفيذ مشروع الحكومة الإلكترونية المصرية . وجاء هذا الاتفاق نتيجة لإسهامات شركة مايكروسوفت السابقة في التعاون مع الحكومة خاصة في مجال التعليم وغيره بالإضافة

لخبرات الشركة الكبيرة في هذا المجال حيث قامت بتنفيذ مشروع الحكومة الإلكترونية البريطانية بنجاح كبير .

وفور توقيع الاتفاق الرئيسي والعديد من الاتفاقات الفرعية الأخرى بدأت العجلة في الدوران بسرعة بالغة من صعوبة المهمة والتحديات الضخمة التي تواجهها ولكن يمكن أن نقول إنه توافرت للمشروع العديد من العناصر الإيجابية التي ساعدت على بداية العمل بسرعة في المشروع وأول هذه الأسباب هو دعم القيادة السياسية ممثلة في الرئيس محمد حسني مبارك للمشروع حيث تم وضعه على رأس أولويات العمل بالنسبة للحكومة .

أيضاً هناك وقوف وزير الاتصالات الدكتور أحمد نظيف وراء المشروع مجنداً لذلك الهدف كل طاقات وإمكانيات وزارته وشهد هذا المشروع القومي استجابة واسعة النطاق من باقي الوزارات كل في مكانه وهو الأمر الذي ضمن توفير الغطاء السياسي الكامل قبل البداية في التنفيذ .

ومن العوامل الأخرى المؤثرة في سرعة إنجاز المشروع تنظيم الإطار القانوني الذي سيتم العمل من خلاله وهو إحدى النقاط الهامة والجوهرية خاصة وأن معظم النقاط التفصيلية للمشروع جديدة تماماً على الحياة المصرية وبالتالي يجب وضع إطار قانوني جديد لها للعمل من خلاله. وفي هذا الإطار تعاونت وزارة العدل مع وزارة الاتصالات في تجهيز العديد من القوانين المرتبطة بالمشروع وبالفعل تم إعداد قانون التوزيع الإلكتروني وهو القانون الأول في سلسلة من القوانين يجري إعدادها حالياً وتضم من بينها قانون العقود الإلكترونية وكذلك التشريعات التي تغطي الجريمة الإلكترونية وهو عنصر جديد تماماً يجب وضع القوانين التي تحمي المجتمع من شروره .

ثانياً : كيفية الحصول على خدمتك الحكومية في أي وقت ومن أي مكان وباستخدام أي جهاز :

شبكة الإنترنت واستخدامها للحصول على خدماته الحكومية كان من الضروري أن تبتكر وزارة الاتصالات الحلول المناسبة لزيادة استخدام المواطنين للشبكة وتعاملهم معها وارتكزت الحلول على محورين رئيسين الأول هو تأمين خدمات الشبكة للجميع وبأسعار رمزية والثاني هو فتح المجال الكامل الأكبر عدد من المواطنين لامتلاك أجهزة الكمبيوتر بأسعار في متناول الجميع .

وبالنسبة للشق الأول تم بالفعل تنفيذ مشروع الإنترنت المجاني وهو مشروع رائد في المنطقة العربية أصبح معه المواطن في كل المحافظات المصرية يتمكن من الدخول الفوري على شبكة الإنترنت نظير تكلفة المكالمة المحلية أما الشق الثاني فقد حمل مشروعه اسم الكمبيوتر الاقتصادي وشعاره حاسب لكل منزل وقد بدأ تنفيذه بالفعل حيث أصبح بمقدور المواطن شراء جهاز كمبيوتر حديث بالتقسيط المريح وبضمان فاتورة التليفون فقط دون الدخول في أي تعقيدات إدارية أو مالية أخرى. ويمكن القول أن هذين المشروعين المرتبطين بالمشروع الأساسي يفرشان الأرضية الواسعة لإمكانية استفادة أكبر عدد من المواطنين من خدمات الحكومة الإلكترونية .

ومن العناصر الأخرى اللازمة لنجاح المشروع والتي يتم تنفيذها حالياً معدلات سريعة للغاية عنصرـ التعليم والتدريب وهو جزء تم البدء في تنفيذه من فترة طويلة سابقة على مشروع الحكومة الإلكترونية نفسه وذلك عبر برامج المدارس والجامعات والمعاهد التعليمية وغيرها بالتعاون المباشر مع شركة مايكروسوفت والتي أخذت على عاتقها مهمة تزويد الطلبة بأحدث برامج الكمبيوتر وبأسعار رمزية . وفي هذا الإطار لا يمكن إغفال الدور الهام الذي تلعبه فكرة الشراكة مع المؤسسات العالمية للاستفادة من خبراتها المتميزة في هذه المجالات بالإضافة -بالطبع -لدعم الشركات المحلية العاملة في مجال تكنولوجيا المعلومات وهو الأمر الذي يؤدي لازدهار هذا القطاع بأكمله وبصورة غير مسبوقة تعود بالفائدة على المجتمع ككل .

وفي مجال التدريب قامت وزارة الاتصالات بدراسة احتياجات السوق المحلية من الكوادر المتخصصة التي تحتاجها عملية التطوير خلال السنوات الخمس المقبلة .وتبين من الدراسة احتياج السوق لعدد من المتخصصين يتراوح بين ٢٣ألف إلى ٢٩ألف كادر متخصص في مجالات تكنولوجيا المعلومات المختلفة .وعلى هذا الأساس بدأت الوزارة في تنفيذ مشروع التدريب المتخصص لتدريب حوالي ٥٧٠٠شخص في السنة لتغطية الاحتياجات المتوقعة للسوق وذلك بالاستعانة بمجموعة من الشركات العالمية وعدد من شركات القطاع الخاص في هذه المجالات .

هذه النقاط التي استعرضناها تمثل نقاط القوة والطموح في تنفيذ المشروع الضخم للحكومة الإلكترونية على أكمل وجه خاصة وأن هذا المشروع -مثلما يحدث في معظم دول العالم تحول إلى ضرورة حتمية لاستمرار الدول في منظومة الدول الحديثة وأي شيء عدا ذلك سيكون مثابة البقاء في ظلام القرون الوسطى .

التحديات :

على عن البيان القول أن تنفيذ مشروع بهذه الضخامة لا بد وأن يواجه الكثير من التحديات الكبيرة تماماً مثلما يحدث دائماً في المشروعات العملاقة والقومية والحقيقة أن التحديات التي تواجه تنفيذ مشروع الحكومة الإلكترونية هي تحديات غير مسبوقة خاصة وإنها تتشعب في العديد من الأماكن والعناصر المختلفة التي يجب تذليلها وتجاورها لتحقيق الهدف الأكبر وبالطبع تبدو التحديات أعمق لأنها تتعلق مباشرة بتغيير أنماط اجتماعية وفكرية مستقرة منذ قرون وهو ما يجعل المشروع بحق نقلة من عصر لعصر آخر يختلف عنه تماماً .

والمعروف عالمياً أن شركات القطات الخاص كانت هي السباقة في تبني تكنولوجيا المعلومات وشبكة الإنترنت عن القطاع الحكومي وربما يعود سبب ذلك في المقام الأول

إلى أن الولايات الحكومية في العالم كله لديها أولوية اتخاذ القرار الصحيح في مواجهة اتخاذ القرار السريع وهو النمط السائد في ثقافة البزنس والأعمال نتيجة لضغوط السوق ولكن حاجة الحكومات تزايدت لتبني واحتضان هذه التكنولوجيا الحديثة نتيجة أسباب عديدة .

ثالثاً : الحكومة الإلكترونية تحقق الانتقال من العصر الصناعي للعصر الرقمي :

ربما يكون من أهمها زيادة أحلام وتوقعات المواطنين في العصر الرقمي للاستفادة من أحدث خدمات ومنجزات العصر بالإضافة إلى الرغبة العالمية في تقليل التكلفة وزيادة الكفاءة الإنتاجية وهي الأسباب التي لم تكن خافية على الحكومة المصرية عند اتخاذها لقرار تنفيذ مشروع الحكومة الإلكترونية ويكفي في هذا الإطار القول أن المواطن المصري يحتاج للقيام بحوالي ٣,٥ زيادة للإدارات الحكومية للحصول على خدمة واحدة .

وأول التحديات التي تواجه هذا المشروع هي النظم الحكومية المستقرة في التعامل وتقديم الخدمات وهي مهام يشوبها الكثير من القصور في نواحي متعددة وتؤدي في الغالب إلى فاقد كبير في الوقت والمجهود والمال . وتغيير هذه النظم يتطلب تغييراً ثورياً في المفاهيم والأفكار وهو أمر شاق ولكن يمكن تحقيقه بالطبع، أيضاً هناك المشاكل الاجتماعية والفنية المتعلقة بارتفاع نسبة الأمية وقلة نسبة امتلاك أجهزة الكمبيوتر بالنسبة للمواطن بالإضافة لندرة استخدام بطاقات الائتمان في المعاملات المالية وهي المشاكل التي يتم العمل على إيجاد حلول لها كما أوضحنا سابقاً . وهناك تحديات أخرى ترتبط الأمن والخصوصية وهذه المشاكل يمكن تجوزها فنياً بوضع أرقى ضوابط الأمن والخصوصية بالنسبة للنظام الذي يتم إنشاؤه .

هناك أيضاً التكلفة المرتبطة المشروع والتي تتعلق بالبرامج والأجهزة والاستشارات الفنية والبنية التحتية للاتصالات وهي المشاكل التي يمكن تجاوزها مع دعم

الدولة الكامل بالإضافة لوجود بنية تحتية متميزة حديثة وكأجهزة للاتصالات تغطي جمهورية مصر بالكامل .

وأخيراً هناك الاحتياج الملح لتوفير قوة العمل الحديثة والمؤهلة للعمل بكفاءة مع هذه التكنولوجيا الجديدة وهي العنصر الذي يتم تأهيله حالياً من خلال برامج تدريبية مكثفة يتم التوسع فيها مع استمرار التقدم في إنجاز المشروع. وبالطبع فإن هذه التحديات تواجه معظم الدول التي تعمل حالياً على إنجاز مشاريع الحكومة الإلكترونية ولا تقتصر على مصر وحدها .

الإنجاز :

تعتمد فكرة الحكومة الإلكترونية على العمل في أكثر من اتجاه وسيناريو أهمها بالطبع الاتصال المباشر بين الحكومة والمواطن من خلال نافذة أو بوابة واحدة تتركز فيها كل الخدمات في مكان واحد يسهل الوصول إليه والتعامل معه، أيضاً هناك محور الاتصال المباشر بين الحكومة والشركات وهو جانب أكثر سهولة خاصة وأن معظم الشركات تمتلك أجهزة كمبيوتر واتصال مباشر بشبكة الإنترنت وهذا أيضاً العلاقة بين الموردين والحكومة بالطريق الإلكتروني المباشر وهو الأمر الذي يؤدي لتقليل التكلفة والإنفاق الحكومي نتيجة التعامل بكميات ضخمة كما أنه يرسي مبدأ الشفافية الكاملة في التعامل، وأخيراً فهناك طريقة الاتصال المباشر بين الحكومة المصرية والحكومات الأخرى من خلال المسار الإلكتروني .

وما تم إنجازه حتى الآن وبالتجربة العملية هو شيء مباشر للغاية وخاصة مع اتجاه المجتمع المصري بشكل عام للانطلاق بسرعة رهيبة في مجال استخدام التكنولوجيا الحديثة يومياً والنموذج الأول الذي تم إطلاقه فاتورة التليفون وتسديدها عبر الإنترنت

حقق نجاحاً باهراً ويكفي أن نعلم أن موقع الشركة المصرية للاتصالات (تيليكوم أيجيبت) الخاص بتحصيل فواتير التلفونات تلقي مليون زيادة خلال شهر أكتوبر ٢٠٠٢ فقط .

هذه الآفاق المذهلة التي استعرضناها سريعاً مع الخطوات الجبارة التي تم إنجازها بالفعل أو التي يتم العمل على إكمال إنجازها تؤكد بما لا يدع مجالاً للشك أن المجتمع المصري بأكمله على مشارف عصر جديد ربما تسقط معه أفكار ومفاهيم سادت منذ عصور الفراعنة، والمؤكدان المستفيد الأول منها بشكل مباشر هو المواطن المصري .

رابعاً -التقنيات الفنية للحكومة الإلكترونية المصرية

كانت الخيارات أمام الشركة المنفذة متعددة ولكن مشاكلها كانت كثيرة أيضاً فهناك طريقة الموقع الواحد وقد كانت بمثابة الرهان على تقنية المستقبل. وعملية اتخاذ القرار المناسب فيما يتعلق بالتكنولوجيا التي يجب استخدامها في تنفيذ مشروع موقع الحكومة الإلكترونية على شبكة الإنترنت كان مسألة معقدة خاصة مع تعدد وتنوع الطرق التي يمكن استخدامها والتي تتضمن كلا منها المزايا والعيوب، ودراسة الطرق التقنية المتاحة كان هو المدخل الأساسي لاعتماد التطبيق النهائي، وهذه الموضوع قصة هامة يجب استعراضها بالتفصيل .

يمكن القول أن الأيام التي كان المستخدم يتصل فيها بنظام واحد لتنفيذ كل العمليات التي يرغب في أداءها قد انتهت إلى غير رجعة، ومع اشتداد المنافسة بين الشركات والتطور التكنولوجي الرهيب فإن تنفيذ عملية ما تستلزم التعامل مع أعداد كبيرة من النظم الإلكترونية، وفيما يتعلق بحالة الحكومة الإلكترونية فإن أفضل وضعية للمواطنين هي تواجد إمكانية للدخول على موقع مركزي واحد ليقوم بالحصول على خدماته الحكومية المطلوبة وذلك عبر شبكة الإنترنت .

ينطبق هذا الأمر على كل من المواطن المقيم أو المسافر بالخارج أو المستثمرين أو حتى الأجانب الـذين يتعاملون مع الهيئات الحكومية. ومن المعلومات الهامة في هذا الإطار أن الحصول علـى الخـدمات الحكوميـة عـبر الإنترنت لن يكون مقصوراً على المواطنين أصحاب الخبرات في التعامل مع الكمبيوتر والإنترنت فقط، لكنـه سـيكون متاحاً للجميع حتى عديمي الخبرة في التكنولوجيا أو القاطنين في أماكن نائية والفكرة في ذلك هي أن الحصول علـى الخدمة يمكن أن يتم عبر وسطاء يقدمون هذه الخدمات للجميع، ومن المحتمـل أن يكون هـؤلاء الوسطاء مـن موظفي الحكومة أو القطاع الخاص ولن يتطلب الأمـر أكـثر مـن وجـود جهـاز كمبيـوتر شخصـي ـ واتصـال بشـبكة الإنترنت ليتمكن أي مواطن من الحصول على خدمته الحكومية المطلوبة.

ومن خلال هذا التصور الطموح يفترض أن يتواجد موقع للحكومة على شبكة الإنترنت يمكنه الاتصال بكل أو معظم الهيئات والوزارات التي تقدم خدماتها الإلكترونية، وبالطبع فإن الأمور ستكون أسهل كثيراً لـو أن جميـع النظم المشتركة في هذا الموضوع كانت موحدة أو تستخدم نفس التقنيات وفي هذه الحالية لن تكون هنـاك حاجـة لعمليات ربط وبرمجة معقدة لتوحيد النظم، ولكن مع الأسف فإن الأمور تختلـف كثيراً علـى أرض الواقـع، هـذا بالإضافة إلى أن بعض النظم الخلفية ليست قادرة على تقديم مثل هذه الخدمات من الأصل.

وهناك أيضاً مهمة أخرى شاقة وهي عملية إدارة مثل هذا النظام المعقد والـذي سـيكون مشتتاً ومتنـاثراً بطريقة تجعل مدير النظام في حيرة دائمة، بالإضافة لمشاكل التأمين المفترضة للعديد من المكونات المختلفة، وعـلى مستوى المستخدم ستظهر نفس الحيرة في طريقة التعامل والتفاعل مع واجهات متعددة للنظم المختلفة وهو الأمـر الذي سيعطل بالطبع انتشار المشروع على المستوى القومي، وأخيراً فإن النظام النـاتج سـيكون مـن الصـعب عليـه التواصل مع أدوات المعلومات والاتصال المختلفة الحالية والمستقبلية.

في الحالة المذكورة سابقاً توجد عدة أساليب تكنولوجية يمكن توظيفها لتوصيل تلك الجزر المنعزلة من نظم المعلومات وبحيث يمكن أن يتضمن الموقع الجديد العديد من التطبيقات التي تربطه بمزودي الخدمات الحكومية المختلفين .

وهذه الطريقة في الربط يمكن الوصول إليها عبر عدد من الوسائل المختلفة، فمثلاً يمكن ربط الطلبات من خلال طابور من الرسائل التي تصل مباشرة إلى مقدمي الخدمة، كما يمكن تلقي الردود عبر طوابير رسائل أخرى، أيضاً يمكن الحصول على هذه الردود عبر نظام قواعد بيانات يدير عملية الاستفسارات بالطريقة التقليدية، وعلى أرض الواقع فإن مثل هذا النظام سيكون مطالباً باستخدام جميع أنواع التقنية التي استعرضناها ليتمكن من الاتصال بكل النظم المختلفة .

تخيل مثلاً الحالة التي يقدم فيها موقع الخدمات الحكومية على الإنترنت إمكانية الاستفادة من خدمات عشر وزارات أو إدارات مختلفة، وهذا الأمر يعني أن الموقع يجب أن يتكامل مع عشرة نظم مختلفة على الأقل يتطلب كل منها جهداً خاصاً في تطوير الموقع نفسه ونظام الوزارة الخاص للوصول في النهاية إلى نظام متكامل .

الآن تخيل الحالة التي يكون فيها الموقع مطالباً بتقديم الخدمات من نفس الحكومات الوزارية العشرة، وهذا سيكون مصمم الموقع مطالباً بمضاعفة المجهود المبذول لربط الموقع بهذه النظم الحكومية، وهذا التصور يمثل المأزق الأول والذي سيتضاعف بشدة مع مواقع أخرى تكون مطالبة بتقديم نفس الخدمات .ومن هنا يكون واضحاً تماماً أن التطبيقات التقليدية لمثل هذا النظام ستواجه مشاكل عديدة لا يمكن الإفلات منها .

الطريقة البديلة لإنجاز هذا النظام هي نموذج البوابة الذي يقدم حلولاً تتجاوز المعوقات التي تواجه التطبيق التقليدي حيث تقوم البوابة بربط كل الأنظمة المختلفة بأسلوب موحد يؤدي إلى تخفيض الجهد المبذول والتعقيدات المختلفة بأسلوب موحد يؤدي إلى تخفيض الجهد المبذول والتعقيدات المصاحبة للطرق التقليدية . وتعمل البوابة بأسلوب

المسار المركزي الذي يضم كل الطلبات المختلفة بغض النظر عن وجهتها المستهدفة، وتضمن البوابة أداء التوثيق والتعرف على الهوية المطلوب وكذلك إمكانية التوجيه الدقيق للوجهة المستهدفة، ولذلك ومع النموذج الذي استعرضناه من قبل فإن كل الخدمات والمواقع والوزارات سوف تتصل جميعها بمدخل واحد ومنه تتواصل مع بعضها البعض .

هذه الطريقة انقية في الربط ستوفر الكثير من المزايا الهامة ومنها :الإطار البسيط لتزويد الخدمات العامة، المجهود الواحد المطلوب للتطوير، تنفيذ الطلب مرة واحدة، تحسين الأداء واستقراره في إطار نظم غير متجانسة، إدارة مركزية للنظام، تخفيض تعقيدات بناء النظام، بناء هندسي يتوافق مع بعض النظم المتوافرة بالفعل والتي لا يلزم أن تكون متطورة وحديثة، تعامل المستخدم مع مكان واحد بغض النظر عن الخدمة المطلوبة .

وهذا الحل مع المزايا التي يقدمها هذا النموذج الذي تم اعتماده بالفعل في تجربة الحكومة الإلكترونية المصرية وعليه فقد تم تصميم وتنفيذ البوابة لتكون الرابط المباشر بين المواطن والإدارات الحكومية المختلفة، خاصة وأن دراسة الحالة الآنية للوضع المصري يتوافق تقريباً مع النموذج الذي استعرضناه سابقاًن وعليه فبعد تأسيس البوابة أو موقع الواجهة للحكومة المصرية على الإنترنت يمكن بعد ذلك بكل سهولة إضافي أي خدمات جديدة لتعمل في خلفية النظام وذلك من خلال تطبيق آلية بسيطة لتقديم الطلبات من خلال الإنترنت وباستخدام تقنية **XML**أحدث التقنيات العالمية في هذا المجال، وتؤمن هذه التقنية التكامل بين الطلبات المختلفة حيث يمكن على سبيل المثال أن يحتاج تلبية أحد الطلبات للجمهور عملية اتصال بإدارة أو وزارة أخرى وسوف يتم هذا الأمر آلياً في خلفية النظام وبحيث يحصل المواطن على خدمته دون أن يعرف تفاصيل ما يحدث في الخلفية .

ودون الدخول في تعقيدات فنية يمكن القول أن بناء هذا النظام يعتمد على ثلاثة أجزاء رئيسية هي : ماكينة التحقق والتثبت من الهوية وهو المسئول عن التأكد من هوية صاحب طلب الخدمة وذلك في الحالات التي تتطلب الخصوصية، وماكينة تحديد المسار

وهو المسئول عن توجيه الخدمات المطلوبة إلى مصادرها المختلفة ومتابعتها، وأخيراً فهناك موصل مقدم الخدمة وهو يعمل كأداة ربط بين البوابة ومزودي الخدمة المختلفين .

أحد العناصر الهامة الأخرى في تصميم البوابة هو مرونتها الفائقة وقدرتها على الاستجابة لطلبات المستخدمين المختلفة وهو ما يجعل من بنائها الهندسي قادر على الاستجابة والتلبية لكل طلبات الخدمة وكذلك قدرتها على التطور المستقبلي دون حدود .

خامساً - موقع البوابة الإلكترونية للحكومة الإلكترونية :

المدخل الوحيد لتنفيذ المعاملات الرسمية . يمكن القول بكل اطمئنان أن بوابة الحكومة على شبكة الإنترنت، أو بمعنى آخر الموقع الرسمي للحكومة الإلكترونية على شبكة الإنترنت هو جوهر المشروع وقلبه النابض حيث تتجمع فيه كل الخيوط والخطوط مهما تقاطعت أو تباعدت، ولن يتطلب الأمر من المواطن أكثر من الذهاب لموقع واحد ليحصل منه على خدمته مهما كان نوع هذه الخدمة أو ارتباطها بوزارة أو إدارة معينة، وهذه البساطة المتناهية في التعامل تخفي تحتها تعقيدات فنية وإدارية مذهلة لا تهم المواطن في كثير أو قليل ولكن بدونها لن يتم الحصول على الخدمة المطلوبة على الإطلاق .

والسيناريو الذي اعتمدته بالفعل وزارة الاتصالات والمعلومات في المشروع المصري يرتكز على بوابة موحدة تندرج تحتها تفاصيل خدمات الوزارات والهيئات الأخرى، وهذا النموذج قامت شركة مايكروسوفت بتطبيقه بالفعل في إنجلترا وأثبت نجاحاً كبيراً مع المواطن لأسباب عدة أولها أنه مكان واحد على شبكة الإنترنت يسهل تذكره على الجميع، كما أنه ذو واجهة تحمل انطباعاً واحداً لجمهور المتعاملين مهما اختلفت شرائحهم بالإضافة وهذا هو الأهم لسهولة تطبيق نظام موحد للأمن والسرية والصيانة مع الاستفادة من تقليل تكلفة التنفيذ .

ومن الناحية الأخرى فإن النموذج الذي تم اعتماده يمكنه الربط مع أنظمة أخرى متعددة ليس بالضرورة أن تكون متوافقة مع بعضها البعض وعلى سبيل المثال إذا كانت إحدى الوزارات قد نفذت قواعد البيانات بها باستخدام نظام قديم أو نظام يغاير لقاعدة بيانات البوابة فلن يكون ضرورياً أن يتم إعادة بناء هذه القواعد ولكنها ستعمل بالتكامل مع النظام الحالي الموجود وذلك من خلال استخدام تقنية XMLوهي مفهوم قياسي عالمي تم تبنيه من قبل مجموعة من كبريات شركات تكنولوجيا المعلومات العالمية مثل مايكروسوفت و IBMوغيرها وهو نظام يضمن تكامل العمل بين النظم المختلفة وهو الأمر الذي يضمن عدم إهدار الوقت أو المجهود الذي تم إنجازه فعلاً .

وفي الموقع الذي تم تنفيذه بالفعل وأصبح انطلاقه على الشبكة وشيكاً سوف يفاجأ من يزور موقع الحكومة الإلكترونية على شبكة الإنترنت بالحجم المذهل من المعلومات المتوافرة عليه وهي المعلومات التي كان الوصول إليها بالطرق التقليدية صعباً للغاية ويصل لحد الاستحالة في بعض الأحيان وعلى سبيل المثال إذا قرر المواطن البحث تحت عنوان "الخدمات السكانية "فسوف يوجهه الموقع إلى أربعة أقسام رئيسية هي البناء والتجهيز، التمليك والتأجير، المرافق، ضرائب العقارات وتحت كل بند منها تندرج عشرات الموضوعات الفرعية التي تغطي كل تفصيلة داخل الموضوع وتوضح كل الخطوات والقوانين والإجراءات التي يلزم على المواطن اتباعها قبل الدخول في تنفيذ أي من هذه العمليات وهذا المثال البسيط يوضح حجم الاستفادة الذهول لأي مواطن من المشروع أيضاً تقدم بوابة الحكومة الإلكترونية عبر موقعها الرئيسي عدة مداخل مختلفة تبعاً لتقسيم واضح حيث يوجد مدخل للأفراد ويندرج تحته المواطنون والأجانب ومدخل للمؤسسات ويندرج تحته الشركات والمستثمرون والموردون والمصدرون وهو الأمر الذي يسهل كثيراً على المستخدم اتخذا مسار محدد لإجراء معاملاته أو الاستعلام عنها .

ولا يغفل الموقع أيضاً وضع قسم خاص كدليل مستقل يغطي الوزارات المختلفة بالإضافة لدليل متكامل عن التجارة الخارجية، وهو الأمر الذي سيكون بحق إضافة حقيقية

ومثيرة لفكرة تعامل المواطن مع الحكومة في مصر وبالطبع لا ينسى مصممي الموقع وضع ماكينة بحث متطورة ليتمكن المواطن من الوصول المباشر للخدمة التي يرغب فيها .

أما الخدمات المباشرة التي من المنتظر أن تبدأ بها بوابة الحكومة الإلكترونية أعمالها فهي ثلاثة : خدمة الاستعلام وسداد فاتورة التليفون وخدمات شركة الدلتا للكهرباء للاستعلام وسداد الفواتير وكذلك الاستعلام وسداد مخالفات المرور والحصول على شهادة براءة الذمة وبالطبع فإن باقي الخدمات التي يتم إعدادها مثل استخراج شهادة الميلاد وغيرها ستظهر على الموقع تباعاً .

السيناريو الذي اعتماده فعلاً بوجود مدخل واحد لتعامل المواطن مع أي وزارة أو قطاع حكومي مع البساطة المتناهية في التصميم والتنسيق الجيد لهذا الموقع يخفي وراءه جهداً وعملاً أسطوري على مختلف المحاور، وربما لا يدرك المواطن البسيط كل التفاصيل الفنية المختفية وراء هذا المظهر البسيط ولكنه بلا شك سيشعر فوراً بحجم العمل والإنجاز عندما يبدأ في الحصول على خدماته ومعلوماته بكل السرعة والدقة والسهولة وهو الأمر الذي يجعلنا نؤكد مرة أخرى أن هذا المشروع القومي هو نقلة حقيقية وعلى أرض الواقع للدخول بمصر القرن الحادي والعشرين بحق .

الفصل السابع

مكونات البنية التحتية

للحكومة الإلكترونية

الفصل السابع: مكونات البنية التحتية للحكومة الإلكترونية()

التفاعلات التي تتم في الحكومة الإلكترونية

يمكن تقسيم التفاعلات التي تتم في الحكومة الإلكترونية إلى الأنواع الآتية :

- **من المواطن -إلى -الحكومة :(Citizen - to - Government)** أي المعلومات التي يرسلها المواطن أو المقيم للحكومة من أجل طلب خدمة معينة،- وتمر بالتفاعلات الآتية،- **e-filing** و **e-lookup** أي حفظها بملفات إلكترونية ومراجعتها إلكترونياً والتأكد من سلامة التوقيع الرقمي **وصحته** .وتستخدم في هذه المرحلة بروتوكولات نقل الملفات وتطبيقات **XSL**و **XML**و **HTML**،- وهذه هي المرحلة الأهم في الحكومة الإلكترونية .

- **من الأعمال -إلى -الحكومة :(Business - to - Government)** أي خدمة يطلبها القطاع الخاص من الحكومة،- مثل التعاملات التي تتم بين الحكومة والبنوك والمقاولين وما يتم في مجال التجارة الإلكترونية،- وذلك بإرسال الطلبات إلكترونياً،- وهذه الخدمة لها مجموعة من البيانات وبروتوكولات نقل الملفات مثل **XSL**و **XML**و **HTML**. وهذه الخدمة تجسد المفهوم الجديد في الاقتصاد،- وهو ذهاب الخدمة أو السلعة إلى العميل أو المستفيد بدلاً من أن يذهب هو إليها .وفي هذا الإجراء يتحقق الكثير من المكاسب الاقتصادية وتنخفض تكاليف الإنفاق الحكومي،- وتلغى الممارسات الإدارية الخاطئة مثل الواسطة والمحسوبية .

- **من الحكومة -إلى الحكومة :(Government - to Government)** أي التعاملات الإلكترونية التي تتم بين القطاعات الحكومية بعضها بين بعض كالحصول على معلومات أو أخذ موافقة أي إجراء آخر يحكم العلاقة بين الجهات الحكومية، -وهذه الخدمة أيضاً تعتمد على بروتوكولات لنقل المعلومات والملفات .

وسوف يساهم نشر إطار البناء المعماري ذي الطبقات الثلاث المذكورة آنفاً بعد أن يتم توجيهه في تفعيل ما يلي :

١ تقليل تكاليف ووقت تنفيذ تطبيقات الخادم /العميل الموزعة على مستوى الشبكة ونظام التشغيل .

٢ جعل التطبيقات والخدمات والمكونات المنفذة في النظم المختلفة ومن خلال برامج مختلفة تتم بسرعة عالية .

٣ تنفيذ جميع التطبيقات من الموقع، مثل التسجيل، وإرسال الطلبات أو البيانات المحفوظة في الأرشيف من خلال طريقة وصول تكون مشتركة من خلال جميع البرامج .

٤ عزل الخادم /العميل عن التغييرات أو الأعطار التي تتم في بنية الشبكة والبروتوكولات .

٥ تعديل التطبيقات الموجودة والبيانات والبرامج المستخدمة بدون تعديل رمز المصدر، لكي يمكن تكامل التطبيقات الموجودة مع البنية التحتية .

٦ التقدم نحو التطوير الذي يعتمد على المكونات، والذي يسمح بالإبقاء على برامج الحاسب الآلي الموجودة على نطاقٍ واسعٍ وكذلك يبسط تكامل برامج الحاسب الآلي الجديدة حينما يكون ذلك مطلوباً .

عنصر المواطن)أو الطرف الأمامي (سوف يكون الأداة لربط العملاء بمدخل الحكومة الإلكترونية وفي القريب المنظور، يعتقد ان هذه العناصر سوف تستخدم تقنية واجهات الاستخدام (**User Interface**)المتاحة على الشبكة العنكبوتية، لكن كلما تطورت وسائط سبل الوصول كان من الممكن دمج التقنية التي تكون محددة فيما يتعلق بأي قناة توصيل فردية في نطاق عنصر المواطن لإطار البنية المعمارية بدون التأثير على برنامج الحاسب الآلي للخدمة .لهذا السبب، فقد تم وضع مقدمة منطقية للبنا المعماري

لكي يوفر هذا البناء القدرة على إضافة قنوات وصول جديدة بدون أي قيود أو تعقيداتٍ تقنية فيما يتعلق بالبناء المعماري لتقديم الخدمة .

تم تصميم الطبقة الوسطى لكي تكون مقراً للجزء الأوسط من البرامج وسوف توفر البنية التحتية المشتركة لدعم نقل الرسائل من أجل الحصول على المستوى الملائم من إضفاء الشرعية وسبل الوصول إلى الخدمات أو المعلومات كذلك، سوف تكون الطبقة الوسطى مقراً للخدمات العامة المعتمدة على المعلومات التي تحتوي على سبل المثال على تسهيلات البحث المشتركة من أجل توفير المعلومات من خلال سلسلة الخدمات التي تحتويها مجموعة مداخل الخدمات .وقد تشتمل المكونات الأخرى على آلية أو طريقة لتعريف الخدمة المناسبة التالية أو قنوات تقديم الخدمات الملائمة الأخرى إلى العميل .كذلك يجب توفير حماية البيانات في الطبقة الوسطى من أجل ضمان إرسال المعلومات ذات الصلة بخدماتٍ محددة فقط إلى الإدارة المناسبة لأجل حماية حقوق الأفراد .

عنصر الحكومة أو)الطرف الخلفي (يجب أن يسمح بالتوصيل من أنظمة الإدارات بما فيها أنظمة التشريعات إلى نظام إدارة التعامل، الذي تستضيفه الطبقة الوسطى، من خلال أنظمة واجهات التطبيق الملائمة، وسوف تمثل هذه الطبقة إطاراً عاماً للأنظمة الموجودة، ويجب أن تسمح هذه الطبقة أو الإطار العام للأنظمة بالتطوير المستمر لأنظمة الإدارات الأخرى المتفاعلة معها أو المعتمدة عليها في البنية المعمارية للنظام .

البنية التحتية للحكومة الإلكترونية :

المكونات الرئيسية للبنية التحتية للحكومة الإلكترونية سوف أتناولها بالتفصيل في هذا الفصل، وهي كالآتي :

١   **الأجهزة الطرفية** :المقصود بالأجهزة الطرفية هـي أجهـزة المـواطنين الطرفيـة، والشركـات والوسـطاء وأجهـزة الكمبيوتر الشخصية التجارية ملحق بها جهاز قراءة شريحة البطاقة، والطرفيـات الموجـودة في الأكشـاك التقليديـة المنعزلة والتي يستخدمها المواطنـون الـذين لا تتـوفر لـديهم أجهـزة، والطرفيـات التـي تـوضع في غـرف الانتظار للمواطنين، وبعض الأماكن العامة .

٢   **واجهة التعامل للمستخدم أو العميل :**

البرمجيات المكتوبة بلغة جافا Java أو أي لغة أخرى من لغات كتابة صفحات الإنترنت يمكن تحميلها من خادم الاستمارات، ومنها على سبيل المثال :

-   برمجيات الاستمارة التي تمثل معاملات العمل التجاري المفرد .

-   برمجيات البيانات العامة المطلوبة .

-   برمجيات من الاستمارة،

-تحولها إلى شكل البيانات المحدد وتضمن التوقيع وتشفير سجل البيانات .

٣   **شبكة الاتصالات والخدمات :** من أجـل توصيل الأجهزة الطرفية وموفري الخدمـة بـبرامج الخـدمات عـلى الشبكة، يتم استخدام كل شبكات الاتصالات والخدمات بجانب الوصول عـن طريق الخطـوط التماثليـة وخطـوط ISDN فإن عمل توصيل بواسطة خط ADSL قد أصبح متوفراً في أنحاء كثيرة مـن العـالم، وبجانـب التوصـل عـبر مقدم خدمات الشبكة العالمية فإن الاتصال المباشر من خلال شبكة الاتصال الهاتفي العامـة أيضاً ممكـن، كـما أن الوكالات والإدارات الحكومية وأجهزتها الطرفية التي تتم خدمتها يتم توصيلها بواسطة الشبكة وربطها بتوصيلات ISDN التحويلية، والخطوط المخصصة، وتوصيلات ADSL.

٤ **إجراءات الدفع** :على البرامج أن تقدم إجراءات الدفع المعتادة؛ فيمكن الدفع بأكثر من طريقة وذلك باستخدام الشبكة من خلال بطاقات الدفع الائتمانية أو بطاقات الدفع المسبق التي تصدرها البنوك حيث يتم إعادة تحميلها بالنقد في الآليات، أو إصدار بطاقات خاصة لدفع الرسوم الحكومية عبر الشبكة، ولا بد من تقييم نظام الدفع والتأكد من أنه يوفر الأمن بما فيه الكفاية ويلتزم بمتطلبات السلامة لكل المعاملات المدرجة .

٥ **الخط الساخن** :الخط الساخن يتم إدخاله للمستخدمين، وأيضاً لموفري الخدمات لإعطاء معلومات عن المشكلات الفنية وعن الأسئلة التي تهم المعاملات، كما أنه من المهم جداً وضع تطبيق عبر النظام للإجابة عن الأسئلة التي تسأل كثيراً (**FAQ**)وذلك للإجابة على أسئلة المستخدمين .

٦ **خادم الاستمارة :** المقصود به خادم ملف **File Server**يحتوي على النماذج المبرمجة بلغة جافا وهي نماذج بطاقات الدفع والنماذج الأخرى للتوقيع والدفع .ويقوم بتحرير مسار لطلب المستخدم للخادم الجديد بمجرد أن يختار المستخدم معاملة محددة .ويقوم النموذج بفتح واجهة للتعامل مع برامج الخدمات على الشبكة .

٧ **خادم الأمن :Server - OSCI** يتلقى رسائل **OSCI**من المستخدم، ويفك رموز الظرف الخارجي، ويتحقق من التوقيع، كخدمة وحتى مع الحالة العادية للخدمات المالية ويقوم خادم **OSCI**بفك شفرات استمارة المظروف والتحقق من توقيع المستخدم، هذا الإجراء تتم التوصية به فقط في حالة وجود قناة سليمة بين خادم **OSCI** ومكان عمل موفر الخدمة، للتحقق من التوقيعات .وخادم الأمن يحتفظ ببروتوكولات الحالة في رسالة

OSCI، وعادة يرسل البيانات التي تم تلقيها في شكل مظروف مغلق للاستمارة أيضاً في شكل بيانات OSCI لجهة التصديق للتأكد من صحة التوقيع .

٨   **خادم الدفع Payment Server:** يقوم خادم الدفع بكل دفوعات البطاقة عبر الشبكة العالمية سوياً مع جهاز قراءة شريحة البطاقة، وخادم الدفع يشكل طرفاً صورياً للدفع بالنقد .ويقوم خادم الدفع بتأكيد اكتمال نجاح عملية الدفع، عند تحويل مبلغ المال من بطاقة الائتمان أو بطاقة الدفع المسبق للطرف الخاص بالتجارة أو بعد تأكيد التحويل بواسطة شركة بطاقة الاعتماد .

٩   **بروتوكول التحكم وواجهة التعامل Protocol and interface Control:**

وظيفة هذا البروتوكول نقل وتحويل الرسائل بين المستخدم ومقدم الخدمة، ويقوم هذا البروتوكول بحفظ الرسائل في قاعدة بيانات مؤقتة بسبب أن المقدم لم يكن على الخط المباشر (Online) حين تلقي الرسالة من المستخدم، وعندما يكون المقدم على الخط المباشر فإن هذا البروتوكول يقوم بإرسالها، وكأنها بذلك تؤدي مهمة البريد الإلكتروني .

١٠   **الوكالة الموثقة Certifying Agency:** الوكالة الموثقة مرتبطة بعملين مهمين :تسجيل المستخدمين وموفري الخدمات وإنتاج مفاتيح وشهادات لبطاقات التوقيع للمستخدمين وموفري الخدمات .

وسوف يكون في استطاعة المستخدم أن يختار من بين قائمة للوكالات الموثقة حيث يريد أن يتقدم بطلب لشريحة البطاقة ذات تطبيق التوقيع وعليه الذهاب لهذه الوكالة أو تلك أو أحد فروعها للتوقيع شخصياً.

١١ واجهة التعامل لموفر الخدمة: Service Provider Interface

تستخدم بعض الحكومات الإلكترونية التنظيم الوحدوي **Modular** لبرامج الخدمات على الشبكة، وهذا يمكن موفري الخدمة من الاستفادة من خدمات بعض الوحدات أو كلها .إذا كان فقط بعض الخدمات القليلة يراد الاستفادة منها فإن موفر الخدمة نفسه يحتاج إلى الوظيفيات المحذوفة؛ ولهذا فإن كل موفر للخدمة يمكنه أن يختار من بينها .

ويجب أن تكون الخيارات المعطاة على الشاشة التي يتعامل معها المستخدم واضحة بحيث يمكن أن يختار الخدمة التي يريدها، ويجب أخذ الاحتياطات اللازمة من المستخدمين كالتأكد من التوقيع والقيام ببعض الإجراءات الإدارية المحددة والاتصال بين بعض الوكالات الإدارية من المعدات والأجهزة المتناظرة .

الأمن والسرية في الحكومة الإلكترونية :

تهتم الحكومة الإلكترونية بنشاطين رئيسيين :

١ أن تضع المعلومات الحكومية فوراً على الشبكة بينما تضمن سهولة الوصول إلى تلك المعلومات .

٢ أن تمكن من إجراء المعاملات فوراً عبر الشبكة .

ومصطلحا السرية والأمن كثيراً ما يتم تبادلهما مصطلحين مترادفين، فإن المهندسين المتخصصين بالأمن عادةً ما يجدون أنفسهم مرهقين بأعمال السرية .السرية والأمن هما قضيتان مختلفتان تماماً؛ الأمن هو بنية تحكم متمركزة على المنظمة، كما تدل على ذلك ضوابط سبل الوصول وإضفاء الشرعية؛ والسرية هي بنية تحكم متمركزة على الفرد .

وهي باختصار عقد بين المنظمة والفرد بخصوص كيفية جمع المعلومات الشخصية عن الأفراد وظروفها والتعامل معها ومعالجتها من قبل المنظمة .

وضع قواعد للمعلومات السرية :

١ المسئولية :

المنظمة مسئولة عن المعلومات الشخصية التي تحت تصرفها .

تعيين فرد أو أفراد يكون مسئولاً عن الالتزام بقواعد السرية المقررة .

٢ تحديد الأغراض :

تحديد الغرض من جمع المعلومات عند جمعها أو قبله .

٣ الموافقة :

الحصول على موافقة الأفراد على جمع المعلومات الشخصية واستخدامها وإفشائها . وهذا يتضمن :

١ **تقييد الجمع** :جمع المعلومات المطلوبة فقط من أجل الأغراض المحددة بأساليب مناسبة وشرعية .

٢ **تقييد الاستخدام، الكشف، الاحتجاز** :الحصول على موافقة الفرد إذا كانت المعلومات ستستخدم لأغراض أخرى .يحتفظ بالمعلومات الشخصية فقط طالما كانت ضرورية لاستيفاء تلك الأغراض .

٣ **الدقة** :يحتفظ بالمعلومات صحيحة حسبما يكون ذلك ضرورياً للغرض المحدد .

٤ **الوقاية** :ضمان حماية المعلومات بالوقاية الأمنية الملائمة .

٥ **الوضوح** :وضع السياسات والممارسات ذات الصلة بإدارة المعلومات الشخصية لتكون متاحة بيسر للأفراد.

٦ **سبل الوصول الفردية** :إخبار الفرد بشأن طلبه حول وجود معلوماته)أو معلوماتها (الشخصية واستخدامها وكشفها؛ السماح للفرد بالوصول إلى تلك المعلومات، وبالاعتراض على مستوى دقتها واكتمالها وطلب تعديلها حسبما يكون ملائماً .

٧ **الاعتراض على الالتزام** :السماح للفرد بأن يوجه اعتراضاً فيما يخص الالتزام بخصوص القواعد الواردة أعلاه إلى الجهة المسئولة في المنظمة، المهندس المختص بالسرية مسئول عن تحديد متطلبات السرية وتعريفها باستخدام تشريع حرية المعلومات وحماية السرية وأي قوانين أخرى يمكن أن تكون سارية المفعول، إضافة إلى ذلك، يجب عليه أن يقدم تحليلاً لنشاطات التقنية ومعالجة المعلومات في نطاقها .تقييم المخاطر، عادة يتم القيام به باستخدام نموذج تقييم تأثير السرية وتحديد مهام المهندس المختص بالسرية .أخيراً، يجب عليه أن يضع التوصيات التي تسمح باتخاذ قراراتٍ مدروسة من جانب كبار التنفيذيين .وتحتاج التوصيات إلى أن تشتمل على الجانب التقني .إضافة إلى المكونات السياسية والتعليمية ذات الصلة بأي استخدام للتقنية .

هذا المجال العريض للمسئوليات يوضح تمييزاً مهماً بين المهندس المختص بالسرية والمهندس المختص بالأمن، وهو يركز -على نحو أساسي -على اهتمامات النظام فيما يتعلق بالتحكم في سبل الوصول من خلال استخدام التشفير، والبيولوجيا الإحصائية وآليات إعداد التقارير، يتصرف المهندس المختص بالسرية لصالح المستخدم، مركزاً على جميع المعلومات، واستخدامها، وكشفها، واحتجازها .ومن أجل الوصول إلى تلك التوصيات يحتاج المهندس المختص بالسرية لمتابعة البيانات بدءاً من السؤال" :لماذا نحتاج لجمع هذه البيانات؟ ."

كذلك يحتاج المهندس المختص بالسرية إلى معالجة الثقافة المجسدة لمنظمته، وكثيراً ما يركز أكثر العمل تحدياً على تطوير ثقافة امتياز سرية في المنظمة، يشكل التعليم والتدريب حجر الأساس بشأن تنفيذ حماية للسرية في تقنية المعلومات، وتعتبر

البنية المعمارية للمؤسسة هي حامية السرية بموجب التصميم، لكن المنظمة تقوم بتطوير القدرة على إدارة السرية المستمرة، وهذا يتضمن تحديد الثغرات في تصميم التقنية .ومراقبة تنفيذ التقنية، وإجراء مراجعات للسرية والتقييم اللاحق للتنفيذ .

كذلك، يحتاج المهندس المختص بالسرية إلى تطوير الخطط بشأن التعامل مع أخطاء السرية المحتملة .

دائماً وكثيراً ما تتحمل مؤسسة ما أضراراً طويلة الأجل بسبب انتهاكات السرية؛ لذا يجب وضع الخطط اللازمة لعزل انتهاكات السرية وتصحيحها، وإشعار الأطراف المتأثرة فوراً وتأسيس طرق تحليل النظم التي تحدد المشاكل المحتملة المماثلة .

ويجب على الحكومة الإلكترونية أن تكتسب ثقة العملاء من أجل أن يقوموا بإجراء المعاملات فوراً عبر الشبكة، فتنمو الثقة مع الاحترام، ويعتمد نجاح أي حكومة إلكترونية ما في ميدان التنافس على نجاحها في احترام المعلومات الشخصية للعملاء المتوفرة لها أثناء إجراء المعاملات الفورية عبر الشبكة .

المتطلبات الرئيسة للخدمات الإلكترونية :

يتطلب الاستثمار الأمثل للبنية التحتية لتقنية المعلومات عدة متطلبات هي :

١ يعتمد النجاح في خدمات الحكومة الإلكترونية مباشرة على ثقة الجماهير في تنفيذ الأعمال إلكترونياً مع الحكومة الإلكترونية .

٢ أمن المعلومات وسريتها والثقة بها تحتاج إلى أن تكون جزءاً مركزياً في التخطيط الاستراتيجي للحكومة الإلكترونية، وأن تكون جزءاً متمماً لعملية إعادة تخطيط الأعمال .

٣ تحتاج الحكومة إلى إتباع طرق إبداعية من أجل إنجاز وتمويل التحول إلى حكومة ذات طراز واحدٍ، وتفعيل الاستثمارات للأسواق الاتحادية .

٤   التقنية الإلكترونية ونقاط الدخول هي أمر أساسي للتحول، مثلاً، البنية التحتية الرئيسة العامة، ونقاط الخدمة، وأتمتة الأعمال الحكومية .

النتائج والاستنتاجات :

التغيرات التي أحدثها تنفيذ مشاريع الحكومة الإلكترونية وتحديد الإدارة العامة سوف تكون ذات مغزى مهم جداً، وتطبيق تقنية المعلومات واستخدام إمكانياتها سوف يغير بدرجةٍ كبيرة مفهوم المجتمع حول الإدارة، وطرق التحكم ووسائله، وطرق إعداد التقارير الخاصة بالنتائج والتقييم فيما يتعلق بكفاءة الأفراد العاملين .

وسوف تؤثر التغيرات في المفهوم بشدةٍ على المؤسسات العامة والخاصة، وسوف تكون هذه التغيرات مهمة في مجال خدمات العملاء، وكذلك في مجال إدارة المعلومات، وأيضاً في مجالات اتخاذ القرارات، والدور المحتمل للحكومة الإلكترونية في تطوير الاقتصاد الحديث يمكن وصفه بالتغيرات الخاصة بالمواطنين والأعمال والقطاع العام .

أ -التغيرات الخاصة بالمواطنين

انخفاض أسعار استخدام الشبكة المترابطة وقطع الأجهزة وبرامج الحاسب الآلي وتوافرها، كل ذلك سوف يحدث تغييراً سريعاً في نمط حياة الكثير من الناس، وسوف يتم تقديم خدماتٍ جديدةٍ، وسوف يتم تقديم الخدمات الموجودة بطرقٍ جديدة، كما يسمح التطبيق الصحيح لتقنية المعلومات بترسيخ ما يأتي :

-   سبل وصول أفضل إلى المعلومات والخدمات .

-   تقديم أفضل للخدمات من خلال قنوات مختلفة فوق طاولة الاستقبال،-   مـــن خـــلال مراكـــز الاتصالات،

- فوراً عبر الشبكة،- ... الخ .

- توزيع الخدمات حسب متطلبـات السـوق وذلك بالاسـتجابة إلى حاجـات مجموعـات ذات أهـدافٍ متعددة .

- تفاعل يتميز بكفاءة كبيرة مع إشعار العملاء فيما يخص نوعية الخدمات ومحتواها .

- توزيع الخدمات إلى مجموعاتٍ حسب الاحتياجات والمتطلبات المستجدة .

- تضمين المستخدمين في تأسيس البنية التحتية للخدمات وتحسينها .

تطبيق تقنيات المعلومات والإمكانات الناشئة من أجل تقديم الخدمات الحكوميـة مـن خـلال القنوات الإلكترونية سوف يفتح سبلاً واسعة من أجل تقديم خدماتٍ أفضل إلى العملاء، ولن تكون هناك ضرورة للانتظار في الصفوف والذهاب إلى المؤسسات العامة، ولن يكون مـن الضروري مراعـاة وقت العمـل الخـاص بالعديد مـن المؤسسات العامة حيث إن تقديم الخدمات سوف يكون على مدار الساعة من كل الأماكن، وستكون سبل الوصول متاحة للمواطنين إلى الخدمات المقدمة من قبل المؤسسات العامة في الوقت والمكان المناسبين لهـم، وذلـك لأن كـل هذه الإمكانيات سوف تكون مفتوحة من خلال الشبكة المترابطة .

ب -التغيرات الخاصة بالإدارة العامة [()] :

الحكومة الإلكترونية باقية وسوف تبقى أداةً لتنفيـذ إصـلاح الإدارة العامـة، أسـاس مـذهبها الفكـري هـو التوجه نحو العميل وتطبيق نماذج العمل في العمل اليومي بالمؤسسات العامة، حيث إنه يمكن إنجاز ذلك بكفـاءة من خلال استخدام تقنية المعلومات .

إدارة عامة أكثر شفافية، ونظام واضح لإعداد التقارير، وآليات تتميز بالشفافية فيما يخص اتخاذ القرارات – كل ذلك يمثل فقط أمثلة قليلة على الفوائد ذات الصلة المباشرة بالإدارة .

سوف يسمح تنفيذ مشاريع الحكومة الإلكترونية للإدارة العامة بإدخال تغييراتٍ تركيبيةٍ مهمة. وسوف تتغير بنية الإدارة، وسيطلب من موظفي الخدمات العامة تقديم خدماتٍ ذات نوعيةٍ أفضل وأيضاً إمكانيات إنتاج أكبر، كما سيلغي تنفيذ المشاريع الزيادة في الاعتمادات المالية الكبيرة التي كانت تستخدم أثناء مهام الحكومة التقليدية.

يمثل تنفيذ مشاريع الحكومة الإلكترونية تحدياً كبيراً لقطاع الإدارة العامة، فقد تظهر بعض الصعوبات الحتمية في مجالات تغيير نماذج اتخاذ القرارات، والمهارات غير الكافية، والمشاكل الخاصة بالبنية التحتية للمعلومات والاتصالات. ويجب على المؤسسات العامة أن تتعاون تعاوناً وثيقاً مع القطاع الخاص وذلك بإيجاد نماذج أعمال وبنية تحتية وأيضاً بتقديم الخدمات إلى المستخدمين النهائيين، كما تتطلب هذه الأهداف استثماراتٍ عامة أساسية. سوف يتطلب تمويل المشاريع إيجاد بدائل جديدة فيما يتعلق بالتمويل خصوصاً مع الأخذ بعين الاعتبار تضمين الأعمال في التعاون بين القطاعين العام والخاص، كما يحتاج قطاع الإدارة العامة إلى أن يبذل مجهوداً كبيراً لكي يتكيف مع كل هذه التغيرات، وعلى أي حالٍ، فسوف تعوض النتائج التي يتم تحقيقها المجهود والموارد المستثمرة في مشاريع الحكومة الإلكترونية.

جـ -التغييرات الخاصة بالأعمال :

سوف يحدث تنفيذ إطار الحكومة الإلكترونية إمكانيات جديدة لرفع كفاءة الأعمال فيما يخص الاتصالات الحكومية، وسيكون الهدف هو زيادة إمكانية الاتصال بين

مؤسسات الأعمال والمؤسسات الحكومية عن طريق الإنترنت إلى أقصى مدى ممكن، لتنفيذ الأعمال والخدمات اللازمة .

من ناحيةٍ أخرى، سوف تحدث هذه التغييرات تحدياتٍ جديدة في عالم الأعمال؛ تغيير في تقنية المعلومات وبيئة الأعمال، وقواعد تنظيم العمل، ومفهوم العمل كفريقٍ واحدٍ وطرق الوصول إلى العميل وطرق شراء البضائع . كذلك، سوف تتغير فكرة "الإنتاج "في كثيرٍ من الحالات .

سوف يزيد تنفيذ نموذج الحكومة الإلكترونية الطلب على الخدمات المقدمة على الشبكة، وسوف يقوم الزبائن بتقييم نوعية الخدمات المقدمة لهم عبر الشبكة، وكذلك ملاءمتها، وسوف يطلبون نوعية جديدة من الخدمات تكون أفضل، وستحدث تفكيراً جديداً واستثماراتٍ إضافيةٍ من جماعات الأعمال التي تقدم الخدمات عبر الشبكة وقد حدثت تغيرات مثل هذه في الأعمال الأوروبية والأمريكية، وقد كيفت هذه الأعمال وضعها مع هذه التغيرات بدرجاتٍ متفاوتة .قد يمثل هذا تحدياً صعباً لبعض الحكومات، بالرغم من أن النتائج المتمخضة عن إعادة التوجيه سوف تسمح بالمشاركة في السوق العالمي الخاص بالبضائع والخدمات بطريقةٍ أكثر بساطة وكفاءة .

إضافةً إلى ذلك، فإن إدخال الخدمات المعتمدة على الشبكة وتعزيزها من قبل الحكومة سوف يوفر الفرص للتعاون والمشاريع المشتركة، والتزام الحكومة وتوفير الاعتمادات المالية لهذا الغرض سوف يرسل إشاراتٍ إيجابية إلى المستثمرين في مجال تقنيات المعلومات والتجارة الإلكترونية، حينما يتسع ذلك ليشمل المشتريات، وسوف تكون الفوائد التي تجنبها الأعمال مهمة جداً .والحكومة التي تعزز الحكم الإلكتروني سوف تعزز أيضاً التجارة الإلكترونية عن طريق إقامة البنية التحتية ومعرفة القراءة والكتابة الإلكترونية، والخدمات الإلكترونية، والإطار الإلكتروني المشجع من تشريعات وتنظيمات تخص التجارة الإلكترونية أيضاً؛ لذلك، فإن هذا سوف يشجع الاستثمار في التجارة

الإلكترونية والبنية التحتية المطلوبة لها، وكذلك سوف يساعد على خلق بيئة أفضل للأعمال والتنافس التجاري في مجال الاقتصاد المبني على المعلومات والمعرفة .

أخيراً، كلما استخدم القطاع العام تقنيات المعلومات على نحوٍ أكبر، صارت البيئة الوطنية أكثر ترابطاً فيما يتعلق بتطوير التنافس الإلكتروني في نطاق قطاع الأعمال، وتنفيذ الحكومة الإلكترونية قد يساعد على نحوٍ مباشر في رفع مستوى المنافسة عالمياً، ومن المتوقع أن يصبح الوصول إلى خدمات الحكومة أكثر سهولة وسرعة، وتنفيذ أفكار الحكومة الإلكترونية قد يشجع على تطوير التجارة الإلكترونية، ونشر التعامل مع الحاسب الآلي وسط المجتمع ومحو الأمية المعلوماتية، وكذلك استخدام الشبكة. وتطوير التجارة الإلكترونية سوف يزداد ويقوى، وذلك لأن الحكومة حينما تقوم بتعزيز الأعمال فوراً عبر الشبكة سوف تيسر تقديم المعلومات، والبضائع والخدمات، وذلك بدوره سوف يشجع على إحداث المزيد من التطوير بالبنية التحتية، إضافة إلى ذلك، فإن تنفيذ الحكومة الإلكترونية يرتبط ارتباطاً وثيقاً بإيجاد بيئة أعمال أفضل وتنافس تجاري فيما يتعلق بالاقتصاد الرقمي الجديد .

تأثيرات تقنيات الهواتف الخلوية على الحكومة الإلكترونية والمعلوماتية :

إن المقصود من تقنية الهاتف الجوال واستخدامه في عصر الحكومة الإلكترونية هو توفير بعض الرؤى ومجالات النقاش فيما يتعلق بالاستخدامات المحتملة لتقنيات الهاتف الجوال في تطبيقات الحكومة الإلكترونية، حيث إن هنالك وصولاً محدوداً للأشكال الحديثة للاتصال مثل جهاز الكومبيوتر الشخصي ـ القادر على الاتصال بالشبكة العالمية، ولكن جهاز الهاتف النقال يسهل حمله معك أينما ذهبت، ولذا فإنه بإمكان المستخدم الاتصال بالحكومة الإلكترونية عن طريق الهاتف الجوال في أي وقت ومن أي مكان .

النظام العالمي الجديد للمعلومات :

يمكن أن يقال إنه نتيجة للتطورات واستخدام تقنيات المعلومات على نطاق عالمي فإن "نظاماً عالمياً جديداً للمعلومات "ظهر للوجود، التلفزيون والشبكة العالمية هي أكثر التقنيات القائمة على المعرفة المتوفرة اليوم، والتلفزيون على وجه الخصوص يلعب دوراً محورياً في التشكيل بالحجم العالمي للنظرة الاجتماعية والثقافية العامة، ولقد أصبحا أيضاً من أهم الآليات التجارية المستخدمة في الحث على استهلاك البضائع والخدمات وتوزيعها .

بالرغم من أنهما)التلفزيون والشبكة العالمية (قادران على خدمة كتل من جماهير المشاهدين كما في الماضي والحاضر فمن المحتمل أنهما سيقومان بتغييرات عند دمجهما بتقنيات وعمليات أخرى تسمح لهما بتموين أنواع مختلفة من التسلية ومصالح الأفراد والمجموعات الصغيرة .وتقوم الشبكة العالمية بتوفير أشكال الاتصال الجماهيري ليوفر علاقات وسطية هي في الحقيقة تشكل مجتمعات للحياة ."وهذا المزيج العالمي لأساليب الحياة والأيديولوجيات المتنافسة قد بدأ يحل مكان أساليب الحياة الوطنية وهذا نتيجة ظهور العولمة الاقتصادية والثقافية التي بدأت تشكل مجتمعاً عالمياً واحداً .(**Sykes, ٢٠٠٠**)

خط تقسيم المعلومات :

خط تقسيم المعلومات يقصد به الفجوة التي تفصل الأفراد والجماعات الذين لديهم وصول إلى تطبيقات الشبكة العالمية والذين ليس لديهم وصول للشبكة، ومجتمع ما بعد الصناعة الموجود يمكن اعتباره مجتمع معلومات، حيث أصبح الاعتماد على المعلومات أساسياً نتيجة للتطور الكبير واستعمال التقنيات المعقدة القائمة على أساس المعرفة، وأصبح العالم أشبه ما يكون بقرية عالمية واحدة .ومع كل هذا التطور والتقدم الذي أشرت إليه إلا أنه يوجد حتى في المجتمعات ذات التقنية العالية ما يسمى "خط تقسيم المعلومات "الذي نتج عنه وجود فصل متدنٍ للمعلومات وإمضاؤه تنقصهم المهارات العالمية للمعلومات المطلوبة للعمل بكفاءة في المجتمع المعاصر .وبالرغم من وجود التقنيات

المعاصرة وخاصة تقنيات الاتصالات والمعلومات Information and Communication Technology (ICT) فإن تفاقم خط تقسيم المعلومات في عالم ما بعد الصناعة بالرغم من أن المعلومات الآن متوفرة بحرية أكبر والوصول إليها أسهل منه في أي زمن مضى، والجديد في مجتمع اليوم هو الدور الاقتصادي لتوفر المعلومات، وأن تصبح المعرفة والمعلومات سلعاً تستخدم للبيع والربح .

الحكومة الإلكترونية وإتاحة الوصول :

هنالك مدارس فكرية تساوي قابلية مبادرات الحكومة الإلكترونية للتطبيق مع مستوى تطور المجتمعات والبنيات التحتية داخل البلدان. وهذا شيء صحيح إلى درجة كبيرة، ومدى قدرة الفرد على استخدام "البنيات التحتية الفنية "مثل الشبكة العنكبوتية العالمية أو الشبكة العالمية، ولكن يجب أن لا نغفل الدور المهم الذي سوف يلعبه الهاتف الجوال مستقبلاً، وإمكانية استخدامه في تطبيقات الحكومة الإلكترونية وانتشارها .

تقنيات الهاتف الجوال يجب قبولها على أنها مجدية ومركبات مهمة للحكومة الإلكترونية والمعلوماتية، وكثير من المبادرات الحكومية في مجال الحكومة الإلكترونية قد أهملت إمكانيات تقنيات الهاتف الجوال التي يمكن أن توفر الحلول للجدل المستمر المتعلق بالاستراتيجيات في مكافحة "خط تقسيم المعلومات "في العالم المعاصر خاصة بسبب انتشارها السريع في كل الأسواق على نطاق العالم ويشمل ذلك الدول النامية والنامية جزئياً، بينما بتحسين وظيفة الهاتف الجوال مع التقدم السريع في التقنية أصبحت ظاهرة في توفير الوصول للمعلومات والخدمات بواسطة الحكومة الإلكترونية والمبادرات التجارية، تقنيات الهاتف الجوال لها الإمكانية، بالارتباط مع التقنيات المنبثقة من الحكومة الإلكترونية .

وضع دور تقنيات الهاتف الجوال في أجندة الحكومة الإلكترونية والمعلوماتية هو على كل حال الخطوة الأولى في هذا الطريق. وإمكانيات هذه التقنيات كبيرة إذا أعطيت الاهتمام الذي ما زالت تفقده حتى الآن.

الخاتمة

إن ثورة المعلومات والاتصالات أسهمت إسهاماً كبيراً في إحداث نقلة نوعية في حياة الأمم والشعوب، ولذا فقد انتهت معاناة كثير من الناس في طلب الخدمات والحصول عليها في دول العالم المتقدمة بفضل الله ثم بفضل التطور التقني الذي نعيشه في عصر المعلومات، الذي سخرته الحكومات لخدمة مواطنيها بالدقة والسرعة والكفاءة التي وفرتها التقنية.

وعلى الرغم من التطور التقني الذي يعيشه العالم اليوم، إلا أن مواكبة هذا التطور لم يعد بالأمر اليسير على الحكومات بسبب سرعة تطور التقنية وتقادم أجهزة تقنيات المعلومات التي تتطور بسرعة قياسية، وخصوصاً الحكومات التي تعاني من قلة الموارد المالية، ولكن هذا السبب لم يعد مبرراً كافياً لعدم ظهور الحكومات الإلكترونية، لأن العالم الآن يعيش في قرية كونية صغيرة بسبب تطور الاتصالات وتدفق المعلومات عبر شبكات المعلومات الحديثة، بحيث أصبح تقديم الخدمات بالشكل التقليدي في بعض الدول ضرباً من ضروب الماضي ومجالاً للتندر والسخرية وعلامة على التأخر الحضاري؛ لذا فإن التحول من الحكومات التقليدية إلى الحكومات الإلكترونية أصبح توجهاً لدى كثير من الدول على الرغم من اختلاف مواردها المالية وتفاوتها، مستفيدة بذلك من معطيات العصر التقنية وتسخيرها في سبيل إسعاد البشرية وراحتها، حتى ينعم الجميع برفاهية التقنية ومميزاتها المتعددة والمتطورة باستمرار.

الفصل الثامن

تجربة الحكومة الإلكترونية

في بعض البلدان

المبحث الأول: تجربة الحكومة الإلكترونية في هولندا()

نعرض لتجربة الحكومة الإلكترونية في هولندا كما يلي :

في مدينة تسمى -دلف -في هولندا، حققت رئاستها أرباحاً تقدر بنحو ٨٠)مليون جلدر هولندي (مقابل أسهمها في شركة الطاقة المحلية، وقد تم استطلاع رأي السكان بالمدينة -من خلال الموقع الإلكتروني للمدينة -وذلك لأجل معرفة الأوجه التي يمكن إنفاق هذه المبالغ فيها للمصلحة العامة .

الموقع الإلكتروني النموذجي للمدينة -كنموذج -والمصمم عن طريق الحاسب الآلي، وموقع الشوارع أو المرافق أو الأحياء، يتم استطلاع الرأي فيه من قبل السكان عن طريق إنترنت .

تم تعميم نظام -أتمتة المعلومات -بالنسبة للمرافق التي تتولى خدمة الجمهور، حيث يمكن للموظف المكلف بالخدمة العامة أن يرد على طلبات الجمهور دون حاجة للرجوع إلى الرؤساء إعتماداً على النظم المؤتمتة المرتبطة بقواعد البيانات الخاصة بطلبات وحاجات الجمهور .

ترتب على الأخذ بنظام -الإدارة الإلكترونية -في هولندا، مجموعة من الآثار تمثلت في أن الموظف العام الذي يعمل في نطاق الخدمة العامة قبل الجمهور ليس في حاجة للرجوع إلى الرؤساء، إنما يرجع إلى قاعدة البيانات الموجودة في جهة عمله، وتعد قاعدة البيانات بمثابة -تفويض مسبق -للموظف بأن يتخذ قراره في شأن الخدمة العامة التي تتعلق بالجمهور، هذا فضلاً عن التسهيل على الجمهور ذاته، والذي أصبح في غير حاجة لمراجعة جميع الموظفين حسب مراحل إنهاء المستند أو المعاملة الخاصة بأي منهم، فموظف واحد يمكنه إنهاء المعاملة دون مشاركة آخرين .

المبحث الثاني: تجربة الحكومة الإلكترونية

في الولايات المتحدة الأمريكية وكندا.()

-تخلص هذه التجربة في الآتي :

١ يجب التنويه إلى أن ٧٠٪من الأسر في الولايات المتحدة الأمريكية وكندا يستخدمان الحاسب الآلي، وتصل نسبة استخدام الإنترنت إلى ٦٠٪من هذه الأسر .

٢ ينفق القطاع العام في الولايات المتحدة مبالغ ضخمة على تقنية المعلومات والتي تتمثل في الأجهزة والبرامج ومصاريف التشغيل، وتصل إلى ٤٥)بليون (دولار على مستوى الولايات والمستوى المحلي، و ٢٥)بليون دولار (على مستوى الحكومة الفيدرالية .

-أما في كندا فقد بلغ الإنفاق على تقنية المعلومات حوالي ٤)بليون (دولار كندي، ويمثل الإنفاق على العمليات الحكومية فيها حوالي ١٠٪من مجمع الإنفاق .

١ لكل جهاز من أجهزة الحكومة في كندا والولايات المتحدة، موقع إلكتروني يمكن استخدامه لتحميل البيانات وإدراج الكثير من المعلومات فيه .

٢ إلى جانب استخدام الإنترنت، هناك ما يسمى -بالأكشاك الإلكترونية -وعن طريقها يمكن للمواطن الحصول على طابع أو ملصق تجديد رخصة السيارة، وغيرها من هذه الخدمات .

٣ الحكومة -هناك -لا تتجه نحو خريجي علوم الحاسب الآلي، بل نحو أولئك الذين يجمعون بين المعرفة والخبرة التقنية الأساسية والمهارات الراسخة في مجالات الاتصال بالأعمال .

٤ يهتم القطاع العام والخاص بمسألة السرية والخصوصية -في مجال تقنية المعلومات -وذلك عند سداد الضرائب والرسوم والتعامل في التجارة الإلكترونية، لذلك يهتم كلا القطاعين بتقديم تقنيات التشفير حفاظاً على سرية البيانات .

٥ حتى تعمل تقنيات المعلومات بكفاءة عالية، لا بد من ربطها بقواعد البيانات سيما في مجال القطاع العام .

٦ في الوقت الحالي يتم تعميم الإدارة الإلكترونية في عمل الأحزاب السياسية، حيث تركز الأحزاب في الوقت الحالي على موضوعات التجارة الإلكترونية وحماية المستهلك، وحماية الملكية الفكرية على شبكة إنترنت وقواعد التنافس في قطاع تقنية المعلومات، ومراقبة المواقع الإباحية على الإنترنت .

٧ والأمور الاقتصادية، في أجندة الأحزاب السياسية، فإنها تشمل الضرائب على التجارة الإلكترونية والنشاطات الاقتصادية داخل الولايات المتحدة .

٨ استخدمت تقنية المعلومات في الترويج لمرشحي المجالس التشريعية في الولايات المتحدة الأمريكية وكندا - من ذلك حاكم ولاية منيوستا -واسمه جيسي- فانتورا، الذي استخدم موقعه الإلكتروني وقائمة البريد الإلكتروني الخاصة به في الاتصال بمجموعته الكبيرة من المتطوعين والذين وصل عددهم إلى (٣٠٠٠) متطوع .

٩ تم دراسة عمل نظام -الاقتراع المباشر على الحاسب الآلي -وقد تمت أولى التجار على الانتخابات الأولية للحزب الديمقراطي بولاية أريزونا عام ٢٠٠٠، وقد نجحت التجربة بسبب قدرة التقنية على كفالة السرية والحساب الدقيق للأصوات والحيلولة دون حصول تخوف أو مخالفات .

١٠ في التعبير عن المعارفة لقمة -كوبيك -في كندا، الفترة من ٢٢ - ٢٠ابريل ٢٠٠١، حيث عقد المؤتمر الاقتصادي بداقوس، فإن المعارضين ولمنعهم من دخول

المؤتمر، استخدموا إنترنت، حيث أرسلوا إلى رئيس وزراء كندا أكثر من (٤٠٠٠)رسالة معارضة لأعمال المؤتمر .

١١ وواضح مما سبق أن الحكومة الإلكترونية شملت - في كندا والولايات المتحدة الأمريكية - أعمال الخدمة العامة، وذلك عن طريق شبكة إنترنت والأكشاك الإلكترونية ومن هذه الخدمات، تنظيم العبور في الطريق السريعة والبطاقات الذكية وغيرها من خدمات القطاع العام .

- كذلك وفي داخل الهيئات التشريعية، فإن الأحزاب السياسية تستخدم تقنية المعلومات في الحملات الانتخابية، وعملية الاقتراع المباشر .

المبحث الثالث: تجربة الحكومة الإلكترونية في إنجلترا

وتمثلت الإدارة الإلكترونية أو الحكومة الإلكترونية هناك في الآتي:()

في إبريل عام - ٢٠٠٠ قدم وزير الدولة لشئون مجلس الوزراء في إنجلترا إطاراً استراتيجياً لما يجب أن تكون عليه الحكومة الإلكترونية، حيث أن استحداث طرق جديدة مدعومة بالتقنية لإدارة ونقل المعلومات في مقدمة الإصلاحات الحكومية هناك .

حتى نهاية القرن الماضي لا زالت معظم خدمات الجمهور في بريطانيا تقدم بطلبات مكتوبة ورقياً منهم إلى الإدارات المختلفة للحكومة، والبعض منها يمكن قضاؤه عن طريق إنترنت أو الهاتف .

الحكومة الحالية أصبحت مقتنعة - بعد جدل كبير - بأن تقنية عصر المعلومات ستكون أداة أساسية لخطط بعيدة المدى لتحديث الاقتصاد بوجه عام والخدمات العامة بوجه خاص، وبدأت في تبني استراتيجيات تتعلق بالتجارة الإلكترونية والحكومة الإلكترونية،

وشملت الخطة المذكورة ضرورة أن تتحول الإدارة البريطانية إلى الحكومة الإلكترونية بصفة كاملة في عام ٢٠٠٥.

ولذلك أنشأ في كل إدارة حكومية -مكتب للمندوب الإلكتروني -هدفه وضع وثائق الحكومة الإلكترونية التي توفر إطاراً لتطوير الحكومة الإلكترونية في كل مرافق الخدمة العامة، وتغطى هذه الوثائق موضوعات عديدة منها استخدام بوابات الدخول عن طريق الحاسب الآلي، ومراكز الاتصال، والبطاقات الذكية -والتي سنعرض لها عند الحديث عن الحكومة الإلكترونية في المصارف -والمواقع الإلكترونية والتلفزيون الرقمي، إلى جانب أمور تتعلق بالبيانات التي يتم معالجتها وهي سرية البيانات وترتيبها وتوثيقها وصولاً إلى ما يسمى بعمليات -الحوسبة الحكومية -والتي سنعرض لها لاحقاً عند الحديث عن الموظف العام والحكومة الإلكترونية .

تستعين الحكومة الإلكترونية كذلك -بتقنية المعلومات -من أجل تعزيز جودة مصادر المعلومات المتوافرة، نظراً لأهمية ذلك بالنسبة لأعمال وسياسات الحكومة الإلكترونية .

ظهر الاسم التجاري لموقع الحكومة الإلكترونية في بريطانيا عام ٢٠٠٠، باسم **uk online portat at www. Uk online. Gov. uk.** - وقد بدأ يعمل منذ هذا التاريخ بهدف تقديم صورة متكاملة ومسلك إلكتروني مناسباً يؤدي إلى تقديم كل الخدمات العامة -بطريقة إلكترونية بالطبع -بصرف النظر عن الجهة المطلوب منها تقديم الخدمة -لأن ذلك لا يهم المستخدم للموقع .

ولذلك زود الموقع بتسهيلات تمكين المستخدمين من الإبحار فيه للحصول على اهتماماتهم وحاجاتهم الشخصية، ومن بوابات هذا الموقع التي تتعلق بالخدمة العامة، بوابة الخدمات الصحية المتخصصة التي توفر الخدمة الطبية عن طريق توفير معلومات وخدمات تتعلق بالصحة العامة، وعندما تستكمل كل بوابات الموقع الإلكتروني فإن المستخدم يمكنه الحصول على كم كبير من المعلومات والبيانات المتوفرة عن طريق

قنوات عديدة مثل الأكشاك الإلكترونية، ومراكز الاتصال، والحاسبات الشخصية، والتلفزيون الرقمي .

هناك كذلك مدخل الحكومة الإلكترونية -للطبقة الوسطى -وذلك على موقع - www. Gateway. Gov. uk وذلك من موقع uk, on- line، وقد أطلقت هذه الخدمة في فبراير ٢٠٠١، والهدف منها ربط الجمهور مباشرة وتقديم الخدمات اليومية للمستفيدين من الجمهور مثل استيفاء الضرائب وعائدات ضريبة القيمة المضافة، وطلب الدعم الزراعي، وذلك عن طريق تحويل الإدارات المعنية بهذه المعلومات إلى إدارات إلكترونية، ثم ربطها ببعضها البعض، ثم ربطها بمواقع الحكومة الإلكترونية، ومن ثم الحصول على شبكة معلومات قوية ومأمونة، وذلك لأن الخطوات السابقة ستؤدي إلى وجود شبكة بنية تحتية أمنة لتبادل المعلومات والبيانات بين كافة الأجهزة الحكومية هناك .

يجب ملاحظة -كذلك -أن الحكومة الإلكترونية، ليس الهدف منها تفعيل نظام التجارة الإلكترونية فحسب، لكنها وسيلة لتحديث الحكم، ذلك أن هذه الحكومة من شأنها تحقيق الأهداف الاقتصادية والاجتماعية والسياسية للحزب الحاكم، وإلى تتمثل في ضرورة توجيه الموارد -الشحيحة لمن يحتاجونها -وتؤدي كذلك إلى توجيه الأفراد نحو الاستقلال الاقتصادي والمسئولية المدنية، وأيضاً مكافحة الجريمة، وتأمين بعض الأهداف الأخرى خاصة في قطاعات السياسة المترابطة ببعضها كما في مجالات التعليم والتوظيف والضمان الاجتماعي والتدريب ومكافحة الجريمة .

الاهتمام بالتجارة الإلكترونية -على أثر التحول للحكومة الإلكترونية سيجعل الخدمات مركزة حول -المواطن - ومن ثم توافر الأساليب الأكثر مرونة في ترتيب تقديم الخدمات بصورة تقترب كثيراً من الواقع، ومن ثم اهتمام أكثر بمصلحة المستهلك، وتقبل طلباته وملاحظاته وميوله عن طريق الهاتف والبريد الإلكتروني، والمواقع الإلكترونية .

يتعين كذلك ملاحظة أن الحكومة الإلكترونية في بريطانيا وغيرها تعتمد مبدأ الشفافية والكفاءة والعدالة وحرية الوصول إلى المعلومات والسرية وحماية الخصوصية .

- ويذكر كذلك أن الحكومة الإلكترونية لا بد لها من أدوات لعل أهمها - شبكة المعرفة أو قواعد البيانات التي تعمل الحكومات الإلكترونية بناءً عليها - تهدف شبكة المعرفة لتحقيق الآتي :

- الوصول إلى الإحصاءات الحكومية والمعلومات الرسمية .

- الوصول إلى أوراق العمل ووثائق السياسات العامة .

ج - تسهيلات الرسائل المتبادلة بين الإدارات .

د - دعم لجماعات رسم السياسات مباشرة على الحاسب الآلي وشبكات المصالح الخاصة .

يتضح من العرض السابق أن هناك تحولاً حتمياً نحو الحكومة الإلكترونية وهي بالدرجة الأولى الخدمات العامة المرتبطة بالجمهور، وإن كانت لم تصل إلى البرلمان البريطاني وى بنسبة ضئيلة، وإن كانت تطبيقات هذه الحكومة وفي كل المجالات مرشحة للنمو في بريطانيا .

المبحث الرابع: تجربة الحكومة الإلكترونية في الهند

- تخلص التجربة الهندية في الآتي :[()]

سارعت الهند، بإدخال الإدارة الإلكترونية على مستوى الدولة والولايات والمستوى المحلي، وتعد الهند حسب التصنيف الدولي - رقم - ٧ فيما يتعلق بعدد المواقع الإلكترونية الحكومية رغم أنها في رأس قائمة الدول الصناعية، ويبرر أصحاب القرار في الهند، التحول إلى الحكومة الإلكترونية بأنها تكلف أقل، وتؤدي خدمات أفضل، وتقلل المزيد من

هدر الموارد فضلاً عن تحقيق الشفافية والتخلص من الفساد، وتوفر إمكانيات للقضاء على الفقر والظلم في المناطق الريفية هناك، وتكفل مستقبلاً أفضلاً للمواطن الهندي، سيما وأن هذه الإدارة تضمن فرصاً متساوية للوصول إلى الخدمات الحكومية .

ويأتي هذا التطبيق لأعمال –الحكومة الإلكترونية– في الهند رغم أنها إحدى الدول الأفقر في العالم، وتعاني مشكلات الفقر، وعدم تكافؤ الفرص والأمية والاعتماد الخارجي والتي تمثل معوقات رئيسية لتفعيل الإدارة الإلكترونية، ومع ذلك تقدمت في صناعة المعلوماتية والأخذ بأسباب الإدارة الإلكترونية .وهذا ما يفتح باباً للأمل –في رأيي الخاص –بالنسبة للبلدان النامية ومنها البلدان العربية في أن التحول للإدارة الإلكترونية ليس حكراً على العالم المتقدم، وليس رهناً بالإمكانيات الاقتصادية الهائلة .

وعلى المستوى المحلي، فإن الحكومة الهندية حددت لنفسها في عام ٢٠٠٠ هدفاً وهو تقديم ٢٥% –من معاملاتها وخدماتها إلكترونياً –وذلك عن طريق تكثيف استخدام الحاسبات الآلية، وتوسيع شبكة المعلومات ومحتواها –والاهتمام بالتكلفة والقوانين الضابطة، ودعم إمكانية الحصول على هذه الحاسبات بسعر معقول، وتحسين نظام الاتصالات باستخدام شبكة الألياف البصرية، وعرض الموارد الحكومية من بيانات ومعلومات بحيث تكون مقروءة للمواطن العادي على شاشة الحاسب الآلي من خلال المواقع الإلكترونية .

والأهم من ذلك ترقية البيئة التشريعية، عن طريق سن القوانين اللازمة والمنظمة لاستخدام الحاسب الآلي وإنترنت وتقنية المعلومات والاتصالات .

وتطبيقاً لما تقدم وفي عام (٢٠٠٠)أصدرت الهند قانوناً ينظم استخدام شبكة المعلومات، ويحدد الجرائم والعقوبات المتعلقة بتقنية المعلومات مثل التلاعب بوثائق صادرة من الحاسب الآلي، وكذلك جرائم الإخلال بالسرية والخصوصية ونشر توقيع رقمي مزور وغير ذلك من الجرائم .كما أعدت كذلك مسودة مشروع قانون حول –حرية المعلومات –والذي يلزم كل السلطات الحكومية بحفظ معلومات وسجلات وتعيين موظفين عموميين

للمعلومات لمساعدة المواطنين العاديين في الوصول إلى هذه المعلومات، كما قامت الحكومة بوضع خطة تسمى - مواثيق المواطنين -وهي تعنى بأن تتبنى الوزارات والإدارات على المستوى الوطني ومستوى الولايات مواثيق تحدد توفير الخدمات الخاصة بكل منها، والإطار الزمني لتقديم هذه الخدمات وقنوات لدفع المظالم عن المواطنين .

قامت الهند كذلك -إلى جانب تطوير الوضع التشريعي -لتنظيم أعمال الإدارة الإلكترونية، بإنشاء مجموعة من المؤسسات والوظائف الرسمية تأخذ على عاتقها النهوض بأعمال الإدارة الإلكترونية، وتخلص هذه المبادرات في الآتي :

- تكوين فريق عمل وطني لتقنية المعلومات وتطوير البرامج .
- إنشاء لجنة لتطوير الكفاءة في الحكومة عن طريق تقنية المعلومات .
- إنشاء وزارة لتقنية المعلومات .
- إنشاء مركز للإدارة الإلكترونية لتطوير تقنية المعلومات والإدارة الإلكترونية في البلاد،- مهمته نشر- ثقافة المعلوماتية،- ومساعدة حكومات الولايات الهندية على تنفيذ السياسات والإصلاحات الإلكترونية .
- إنشاء معهد وطني -للحكومة الذكية -في مجال الإدارة الإلكترونية على كل المستويات الإدارية .
- قامت الوزارة والإدارات المختلفة بإنشاء مكاتب للاستعلامات والتسهيلات كمكان للخطوة الواحدة لتوفير المعلومات المتنوعة للمواطنين عن طريق أدوات ربط إلكترونية .

قررت الحكومة الهندية كذلك، تعيين مديرين لتقنية المعلومات في كل الوزارات أو الإدارات مسئولين عن تبني وتنفيذ تقنية المعلومات في إداراتهم الحكومية، واتخذت الوزارات والمصالح مبادرات باستحداث بنية تحتية وعمليات للإدارة الإلكترونية والتوسع

فيها مثل الحاسبات وتسهيلات البريد الإلكتروني والبرامج المطورة والربط مع شبكات المعلومات المحلية، والدخول إلى الإنترنت لكل موظفيها .

ضمن عدد (٢٢)ولاية هندية وإقليم هندي فإن حكومة ولاية -إندرا براديس -أنشأت شبكة للبيانات والاتصال المرئي والمسموع، وقد أطلقت الولاية من خلال هذه الشبكة، خدمات متكاملة للمواطنين في مدينتين رئيسيتين هما -حيدر أباد واسكندر أباد -ويستطيع المواطنون من خلال هذه الشبكة، الوصول إلى معلومات حول الولاية والحكومة المركزية، وسداد فواتير المنافع وضرائب الأملاك وإصدار الشهادات والترخيص وتلقي المعلومات التي تتعلق بتصاريح البناء وتسجيل الأملاك وإجراءات النقل .كما استحدثت الولاية المذكورة -ضمن الشبكة الإلكترونية -خدمات تتعلق بنظام الحوسبة المكثف في التعامل مع جداول المرتبات والموازنة والحسابات، وشئون الموظفين والاتصالات الرسمية وسجلات الأراضي والبرامج العامة وعمليات الإغاثة .

وقد قامت حكومة الولاية بتدريب موظفيها في الإدارة الإلكترونية بأكاديمية الإدارة، كما اتخذت مبادرات أيضاً لاستخدام اللغة الهندية كأداة شائعة للاتصال بين الحكومات، وتوفير المعلومات للجمهور، واستخدام خدمات البريد الإلكترونية، والمحافظة على الصفحات الحكومية في الشبكة.()

ونفس التجربة السابقة، كررتها حكومة ولاية -كارنا تاكا -التي بدأت في حوسبة أغلب المصالح خاصة قطاع التربية والتعليم .

وهناك المدينة الرئيسية وتسمى -بانقالور -وتعد قلعة من قلاع صناعة المعلوماتية وتقنية المعلومات في العالم، حيث جذبت إليها أكثر من "١٥٠٠"شركة تقنية معلومات من الدول المتقدمة صناعياً، ولديها معهد تقني رائد هو -المعهد الهندي لتقنية المعلومات -ويعد ركيزة هامة ضمن البنية التحتية في تقنية المعلومات بالولاية .

ووقعت الولاية مؤخراً، عقداً مع شركة مايكروسوفت العالمية بهدف حوسبة كـل المصالح والإدارات -أي نقلها للعمل بنظام الحاسب الآلي والإنترنت -وفي الوقت نفسه فإن حكومة ولاية -تأميـل نـادو -تبنـت نظامـاً لحوسبة إدارتها الرئيسية، وبناء قدرات فنية لديها بهدف استعادة ثقة الجمهور وبناء علاقة فعالة بيـن الحكومـة والمواطنين، وذلك من خلال حوسبة سجلات الأراضي وتسجيلها والنظام التعليمي والمواصلات وغيرها [.](*)

هناك كذلك حكومة ولاية -كيرالا -تتبنى مشروعاً يعرف باسم -اللامركزية لـلإدارة الإلكترونيـة -حيـث ربطت حكومة الولاية نفسها بالإدارات المختلفة في مختلف مناطق الولاية ومنها البنـوك التعاونيـة وجمعيـات الإقـراض وكذلك إمكانية جباية الضرائب والحسابات ومشروعات الرعاية الاجتماعية وقرارات المحاكم وتوجيهـات الحكومـة، علاوة على ذلك تستخدم الحكومة تقنية مثل الحروف إلى لغات أخرى، وكذلك تـوفير صفحات الإدارة الإلكترونيـة باللغة الأم في الولاية المذكورة وهي غلة -المالايام -كذلك فقد أطلقت حكومة الولاية مشروعاً بعنـوان -حاسـب شخصي لكل بيت -وذلك من خلال مؤسسة -كيرالا -لتطبيق الإلكترونيات.[](*)

وإلى جانب الولايات السابقة، فإن الكثير من الولايات الهندية قد نحت نحو الإدارة الإلكترونية بمشروعات مماثلة .

فهناك حكومة ولاية -راجاشان -التي اتخذت تـدابيراً لـدعم الإدارة الإلكترونية واقترحت إنشاء شبكة معلومات على مستوى الولاية لتوفير معلومات واتصال مـرئي لكـل مـن المنظمة العامة والخاصة، وطورت إدارة المعلومات بالولاية برامجاً لتسهيل استخدام البيانات مباشرة على الخط والاتصال عن طريق البريد الإلكتروني .

وقد قامت حكومة -توجرات -بإنشاء شبكة معلومات عـلى مسـتوى الولاية، يـربط جميع مجمعـات المكاتب والمؤسسات في الولاية، وهذه الشبكة تربط كل مناطق الولاية ببعضها البعض .

كما تحاول حكومة –مهراشترا –تطوير مدينتي –بومباي وبونا –إلى مراكز رئيسية لتقنية المعلومات، وذلك في إطار سعيها إلى توسيع الإدارة الإلكترونية على مستوى الولاية، وذلك من خلال تطوير مهارات تقنية المعلومات والوعي لدى الموظفين من خلال التدريب وربط كل المكاتب على مستوى المناطق من خلال الشبكة العامة للولاية .

وهناك ملاحظة هامة تخصنا –نحن كدول عربية –ضمن منظومة البلدان النامية، والتي يعاني بعضها من وهن اقتصادي بالغ، وتخلص الملاحظة في أنه بالرغم من الطبيعة الريفية الزراعية للاقتصاد والمستويات العالمية للفقر والأمية، فقد مرت الهند بتغيير أساسي من حيث تطبيق تقنية المعلومات والاتصالات لإدارة شئون مواطنيها، وهناك تطبيقات أخرى في مختلف المجالات والأقسام والعلاقات في المجتمع، الأمر الذي يؤكد أن الضعف الاقتصادي ليس عائقاً ، وأن الفقر ليس مانعاً من التطور نحو المعلوماتية، وتحول الإدارة في نطاق الحكومة، وكذلك القطاع الخاص إلى الإدارة الإلكترونية أو الحكومة الذكية .

ومن حيث تحول البرلمان الهندي إلى الحكومة الإلكترونية، فاستناداً إلى إحصائية صادرة عن الاتحاد البرلماني الدولي، فإن هناك (٩٨)دولة بها مواقع إلكترونية للبرلمانات الخاصة بها وفي الدول الإسكندنافية ودول أوروبا الغربية ودول أمريكا الشمالية .

أما من حيث دول العالم الثالث، فإن الموقع الإلكتروني للبرلمان الهندي هو موقع شامل حيث يتضمن قائمة من المعلومات الأساسية التي تتعلق بمجلس الشعب، ومجلس الولايات، وتشمل قائمة الموقع بنوداً كثيرة مثل الأنشطة البرلمانية واللجان البرلمانية وأمور الموازنة والدستور الوطني والقوانين والتشريعات ومكتب رئيس الوزراء والعناوين الإلكترونية لكل الوزراء والولايات والمجلات والنشرات والإحصائيات الاقتصادية والخدمات العامة ولجان وخطابات لأعضاء البرلمان .

كذلك يمكن للمواطنين إرسال معلومات واقتراحات عن طريق البريد الإلكتروني إلى مكتب رئيس الـوزراء، والذي يوفر له معلومات تتعلق بمبادراته السياسية، بل يحتفظ رئيس الوزراء لنفسه بإمكانية اسـتطلاع الـرأي مـن قبل الشعب فيما يتعلق بالمسائل السياسية الجارية، ويوفر كذلك فرصاً للشعب لإرسال استفسارات وآراء تعبر عـن الرأي العام .

هناك علاقة راسخة كذلك تولدت ما بين الأحزاب السياسية والجمهور في الهند، ذلك أن عـدد الأحـزاب السياسية على مستوى العالم –على الخط –والتي لها مواقع إلكترونية بلـغ (١٢٥٠)حزباً، وهنـاك (٤١)موقعاً في أمريكـا الشمالية و (٢٤)موقعاً في أوروبا الغربية، أما الهند فيوجد فيها (٢٠)موقعاً إلكترونياً للأحزاب الهندية .

ويعد الحزب الحاكم –بهارت جاناتا –أقوى الأحزاب السياسية هناك في موقعه الإلكتروني، والـذي يغطـي بنوداً كثيرة منها تاريخه وفلسفته وقيادته وأعضاءه في البرلمان، والمقابلات والنشرات الصحفية ومقالات حـول مسائل معينة، كما يوفر للمواطنين الفرصة لإبداء آرائهم، وكذلك فإن للحزب الشيوعي موقعه الذي يشمل بـرامج الحزب، ودستوره، وهيكله وبياناته والانتخابات والوثائق، على حين يعرض حزب –ساما جوادى –تاريخه ودستوره وإنجازاته ومجالاً للمواطنين لإبداء آرائهم .

وإلى جانب ما تقدم فإن الإدارة الإلكترونية أثرت إيجاباً عـلى علاقـة المـواطنين بمـوظفي الخدمـة العامـة، ذلـك أن العلاقة السابقة كانت تعاني من البيروقراطية والانتظار لساعات طويلـة، والتعقيـد غـير المـبرر، ومعانـاة الجمهـور، ولكن في الوقت ذاته وفي ظل الإدارة الإلكترونية فإنها تتسم بالسرعة والتكلفة الأقل ومعاناة أقل للجمهور .

ويمكن القول أن قانون تقنية المعلومات الذي سبق الحديث عنه، في بداية التجربة الهندية وما يوفره مـن سرية تتعلق بمعلومات المواطنين، ووجود مواقع في كل الوزارات

والمصالح -للإدارة الإلكترونية -ساهمت في قضاء مصلحة المواطن العادي وأدت إلى التفاعل ما بين المواطن العادي والإدارة الحكومية الإلكترونية .

يذكر أخيراً، أن المحكمة العليا في الهند لها موقع إلكتروني يغطي قائمة من الموضوعات تتعلق بالدستور والقوانين المطبقة ولمحة عن قضاة هذه المحكمة، وكذلك -تتوفر إمكانية مخاطبة المواطنين للمحكمة في بعض الموضوعات .

ورغم ما سبق فإن الحكومة الإلكترونية في الهند مثلها، كبقية البلدان النامية تعاني من صعوبة بالغة في إمكانية الحصول على وسائل الاتصال الإلكترونية المتقدمة الأمر الذي يعوق التحول -بصفة كاملة نحو التحول إلى الحكومة الإلكترونية .

المبحث الخامس: تجربة الحكومة الإلكترونية في مصر.()

أولى مظاهر الحكومة الإلكترونية في مصر تمثل في عمل إصلاح تشريعي، وذلك بمحاولة توحيد التشريعات التي تحكم الموضوع الواحد، وفي هذا الإطار قامت وزارة العدل المصرية بالتعاون مع -مركز المعلومات ودعم القرار التابع لمجلس الوزراء -بحصر التشريعات المصرية الصادرة منذ عام ١٨٢٨وحتى الآن على الحاسب الآلي وتحديثها بما يصدر من تشريعات جديدة أو تعديلات لما هو قائم .

وقامت وزارة العدل -في مصر -ببناء قاعدة معلومات لأحكام محكمة النقض، وفي طريقها لعمل ذلك بالنسبة لأحكام المحكمة الإدارية العليا بمجلس الدولة -وبالتالي أصبح الطريق ميسراً لعمل إصلاح تشريعي على أسس دقيقة وشاملة .

وفي مجال التعليم، أطلق مركز المعلومات ودعم القرار بمجلس الوزراء بالاتفاق مع وزارة التربية والتعليم ومعهد الدراسات التربوية بجامعة القاهرة، برنامجاً لتخريج معلمي الحاسب الآلي في مرحلة ما قبل التعليم الجامعي، بالإضافة إلى إعداد متخصصين قادرين

على استخدام الحاسب في التعليم وتطوير أساليب التدريب التكنولوجي للمعلمين الذين هم في الخدمة بالفعل .

كذلك فقد تم تصميم أول نظام معلومات جغرافي لخريطة مصر الصناعية، يتضمن أسماء المحافظات، وباختيار إحداها تظهر المنشآت الصناعية على الخريطة مع ظهور بيانات وأسماء وعدد المصانع، وعرض بيانات عن الموارد الطبيعية بهذه المحافظة وعرض لقوة العمل بها وبيانات كاملة عن المنشآت الصناعية الموجودة بها .

ويتم كذلك إنشاء مشروع تنمية الموارد البشرية لدعم مجتمع الأعمال الإلكترونية، وذلك بهدف توفير فرص العمل لشباب الخريجين، وذلك من أجل الاستخدام الأمثل لتطوير أداء قوة العمل ودعم قرارات القضايا الأساسية للموارد البشرية، بالإضافة إلى إنشاء شبكة معلومات، بهدف إنشاء نظام معلومات على الشبكة الدولية . وتسعى الحكومة جاهدة في التحول إلى الإدارة الإلكترونية في مختلف أنشطة الوزارات حتى تتحقق الحكومة الإلكترونية بمفهومها الدقيق في كافة المجالات كذلك فقد بدأت إدارة المرور بوزارة الداخلية في تقديم خدمات التعرف على مخالفات المرور وإمكانية سدادها والحصول على شهادة براءة الذمة عبر الإنترنت ومن خلال نظم الإدارة الإلكترونية، كذلك فقد قامت وزارة العدل بإعداد مشروع إنشاء قاعدة بيانات لحصر أموال القصر وميكنة البيانات الخاصة بالأحوال الشخصية ومحاكم الأسرة، كذلك فقد بدأت هيئة البريد تقديم خدمات السداد الإلكترونية عن طريق استخدام بطاقات الإئتمان وغيرها لمستخدمي الخدمة من خلال شبكة الإنترنت .

أهم المصادر

المراجع العربية:

١ فهد بن ناصر العبود، الحكومة الإلكترونية بين التخطيط والتنفيذ، مكتبة الملك فهد الوطنية. ٢٠٠٣.

٢ نائل عبد الحافظ العواملة، الحكومة الإلكترونية ومستقبل الإدارة، العامة، دلالة استطلاعية للقطاع العام في دولة قطر، دلالات الكويت مجلد ٢٩عدد ١، ٢٠٠٢.

٣ حسين سندي، الإدارة الإلكترونية في العالم العربي بين الواقع والطموح، ورقة عمل مقدمة في المؤتمر السنوي الأول لتكنولوجيا المعلومات والتنمية الإدارية، شرم الشيخ ١-٤/١/٢٠٠٢.

٤ زين عبد الهادي، الحكومة الإلكترونية في العالم العربي، دلالة صيدلانية، ورقة مقدمة في المؤتمر السنوي الثاني لتكنولوجيا المعلومات والتنمية الإدارية: مواقع الخدمات الحكومية للقطاع الحكومي والخاص على الإنترنت: رؤية مستقبلية دبي ٩-١١/١٢/٢٠٠٣.

٥ جلوريا إيفانز، الحكومة الإلكترونية، ترجمة دار الفاروق، القاهرة، ٢٠٠٧.

٦ يحيى محمد علي أبو مغايض، الحكومة الإلكترونية، ثورة على العمل الإداري التقليدي، الرياض، ٢٠٠٤.

٧ عبد الفتاح بيومي حجازي الحكومة الإلكترونية بين الواقع والطموحات، دار الفكر الجامعي، الإسكندرية، ط١، ٢٠٠٨.

٨ أبو بكر محمد الهواش، الحكومة الإلكترونية، الواقع والآفاق مجموعة النيل العربية ط١، ٢٠٠٦.

الـمراجع الأجنبية:

٩   Charles Kaylor, Mike Freeman. "GIS: Catalyst for E Government Development". – Washington:

١٠   Charles Kaylor, Randy Deshazo. David Van Eck, "Gauging E- Government".

١١   Airport on Implementing Services Among American Cities. – Government Information Quarterly. USA.

١٢   W. Van Grembergen, Ed. Strategies for Information Technology Government.. – Hershey: Idea Group Publishing.

١٣   J,. Service, Roy, Security, Transparency & Trust: Government Online of Governance Renewal in Canada?. – International Journal of E – Government Research, vol. I, no, ١. ٢٠٠٥.

T0271443

Printed in the United States
By Bookmasters